ILLUSTRIERTES LEXIKON DER FISCHE

ILLUSTRIERTES LEXIKON DER FISCHE

von Evžen Kůs

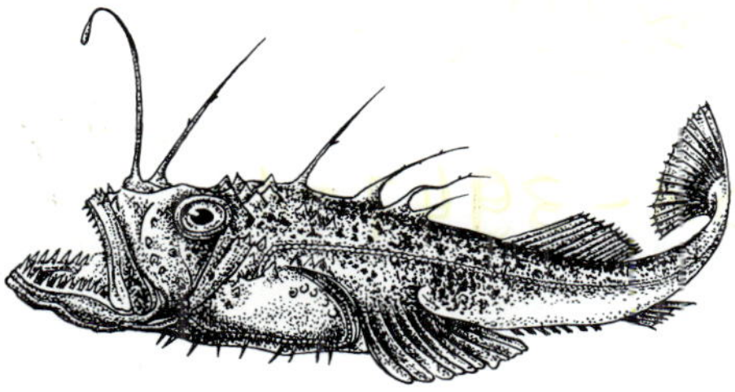

KARL MÜLLER VERLAG

S.2
Spitzbinden-Anemonenfisch
(*Amphiprion bicinctus*)
über einer Seeanemone
(*Heteractis magnifica*)

◀ Pinzettenfisch
(*Forcipiger longirostris*)

S.5
Roter Soldatenfisch
(*Sargocentron rubrum*)

Text: Evžen Kůs
Übertragung aus dem Tschechischen: Lieselotte Teltscherová
Fotos: Vladimír Motyčka, Václav Kříž, Jan Rys, Zdeněk Veselovský, Miloslav Zacharda, Jaroslav Eliáš, Zdeněk Drahokoupil, Stanislav Frank, Michael Fokt, Evžen Kůs, Václav Kechner, Zdeněk Thoma, Milan Wišo, Dionýz Dugas, Jindřich Maťák, Zdeněk Roller, Radek Skramoušský, Martin Spousta
Zeichnungen: Miloš Váňa
Graphische Gestaltung: Karel Drchal
Umschlaggestaltung: Andreas Dorn
Lektorat: Dipl. Biol. Michael Löschner

ISBN 3-86070-805-8
Printed in the Czech Republic
3/23/11/52-01

INHALT

EINLEITUNG

Mehr als 70% der Oberfläche unseres Planeten sind von Meeren und Ozeanen bedeckt. Die ersten Astronauten, die die Möglichkeit hatten, die Erde aus dem Kosmos zu betrachten, bezeichneten sie daher zutreffend als blauen Planeten. Die reichhaltige Palette von Blautönen aller Schattierungen weist darauf hin, dass wir eigentlich auf einem Wasserplaneten leben. Wasser, diese einfache Verbindung von Wasserstoff und Sauerstoff, ist die Wiege und der Bewahrer des Lebens.

Die dünne Schicht, die wir als Oberfläche bezeichnen, trennt zwei völlig unterschiedliche Welten, die des Wassers und die des Festlands. In den Meeren ist vor Hunderten von Jahrmillionen das Leben entstanden. Dort haben also auch wir Menschen unseren Ursprung. Die gewaltigen Wasserflächen sind das Reich der größten Wirbeltiergruppe; der Fische. Gegenwärtig sind mehr als 30 000 Arten bekannt: Die Fische haben nahezu alle Gewässertypen besiedelt, die es auf unserem Planeten gibt. Manche afrikanische Arten der Gattung *Tilapia* leben in44°C warmen Thermen, der Nevada-Kärpfling lebt in Gewässern, deren Temperatur 42°C beträgt. Andererseits gibt es an der antarktischen Küste Fische, deren Blut eine Temperatur von –1,7 °C aufweist. Es gibt Fische, die in warmen, sumpfigen Gewässern mit minimalem Sauerstoffgehalt leben können. Manche überstehen sogar das vollkommene Austrocknen des Wassers, indem sie sich eingraben, in eine Starre verfallen und so auf das Ende der Trockenperiode warten. Andere – wie die Schlammspringer – begeben sich bei der Nahrungssuche auch ans Land. Zu den bemerkenswertesten Geschöpfen überhaupt gehören die Tiefseefische, von deren Existenz man noch vor kurzem so gut wie gar nichts wusste. Sie leben Hunderte bis Tausende Meter unter der Wasseroberfläche und sind dadurch einem so mörderischen Druck der auf ihnen lastenden Wassermassen ausgesetzt, dass ihr Überleben vom physikalischen Standpunkt beinahe unmöglich erscheint. Paradoxerweise wissen wir vom Leben dieser Fische weit weniger als von den Bedingungen, die auf dem Mars oder der Venus herrschen. Die Welt der Fische ist ungemein bunt und vielgestaltig. Anfangs dienten sie dem Menschen ausschließlich als Nahrung, aber schon in den ersten Zivilisationen des Altertums begann er sie auch zu seinem Vergnügen zu halten. Davon zeugt die tausend Jahre alte und noch immer lebendige Tradition der Schleierschwanz-Zucht in China und Japan. Auch heute sind die Fische für uns von großer Bedeutung. Ihr hochwertiges und leicht verdauliches Fleisch ist ein wichtiger Bestandteil der gesunden Ernährung. Darüberhinaus sind die Fische, wenn auch unfreiwillig, Indikatoren der Umweltbeschaffenheit. Die Aufnahmen von Tausenden von aufgetriebenen, mit dem Bauch nach oben in den mit Schaum bedeckten europäischen Flüssen schwimmenden Fischen wurden zum ersten warnenden Memento einer nahenden ökologischen Katastrophe. An der Wende der fünfziger Jahre unseres Jahrhunderts trugen sie zum Aufrütteln der öffentlichen Meinung und damit auch zur allmählichen Besserung der Situation bei, so dass in manche vor kurzem noch völlig verschmutzte europäische Flüsse mittlerweile sogar Lachse zurückkehren.

Das Buch, das Sie gerade aufschlagen, ist eine kurze Exkursion in die Welt der Fische, eine Welt, in der der Mensch immer nur ein vorübergehender Gast ist. Manche Aufnahmen, die direkt in diesem Reich gemacht wurden, geben ein einmaliges Zeugnis von der Schönheit der Natur, die wir niemals wiedergewinnen werden, wenn wir sie erst einmal leichtfertig und gedankenlos vernichtet haben.

◀ Viele Meeresfische leben in gewaltigen Schwärmen (Karibisches Meer).

Ein reicher Fang von kleineren Heringsfischen, Getupften Heringen (*Clupanodon punctatus*), an der Westküste der Java-Insel. Sie wachsen zu einer Länge von nur etwa 25 cm heran.

1

Bachneunauge [1] (*Lampetra/Petromyzon planeri*)

Kapitel 1

BOTEN AUS DER URZEIT

Am Anfang des Paläozoikums – vor mehr als 400 Millionen Jahren – begannen sich in den Urozeanen die ersten Wirbeltiere zu entwickeln, deren Körperbau an die heutigen Fische erinnert. Die bekanntesten von ihnen waren die Ostracodermiata, die den Höhepunkt ihrer Entwicklung im Silur und Devon erreichten. Ihr Körper war in einem Panzer eingeschlossen und ihr wichtigstes Merkmal bestand darin, dass sie noch keine Kiefer besaßen. Deshalb werden sie in die Gruppe der Kieferlosen (Agnatha) eingeordnet. Gegen Ende des Erdaltertums (Paläozoikums) starben sie aus und im Laufe der weiteren Entwicklung erschienen die Kiefermäuler (Gnathostomata). Mit dem Verschwinden der Ostracodermiata endet die Geschichte der Kieferlosen jedoch nicht. Ihre nächsten Verwandten sind die Rundmäuler (Cyclostomata), von denen etwa 50 Arten bis in die Gegenwart erhalten blieben. Die Klasse der Rundmäuler wird in zwei Ordnungen unterteilt – die Neunaugen (Petromyzontoidea) und die Inger (Myxinoidea). Während die Neunaugen vorwiegend im Süßwasser leben, sind die Inger ausschließlich Meeresbewohner. Neunaugen und Inger waren bereits den Naturforschern des Altertums bekannt und die Gelehrten disputierten ganze Jahrhunderte lang über ihre Verwandschaft mit anderen wasserbewohnenden Wirbeltieren. Da sie keine Kiefer besitzen, hielten sie viele für Blutegel mit Kiemenöffnungen. Selbst C. von Linné ordnete die Inger in seinem zoologischen System den Würmern und die Neunaugen gemeinsam mit den Knorpelfischen und Stören den Lurchen zu. Heute werden die Rundmäuler als Fische betrachtet, aber auch das ist nicht ganz korrekt, denn sie haben mit den Fischen nur einige Merkmale gemein. Die meisten Neunaugenarten und alle Inger führen eine räuberische oder schmarotzende Lebensweise. Sie saugen sich an Fischen fest, raspeln mit den die Mundöffnung umgebenden Hornzähnen und der zahnbewehrten Zunge ein Loch in die Haut und saugen Blut oder zermalmtes Fleisch auf. Neunaugen durchlaufen eine komplizierte Entwicklung. Aus den Eiern schlüpft zunächst eine Larve, die früher als eigene Art (Ammocoetes = Querder) beschrieben wurde. Nach rund 4 Jahren setzt dann die Metamorphose zum geschlechtsreifen Tier ein.

Bauchneunauge, Kleines Flussneunauge [1, 2, 3, 4] (*Lampetra/Petromyzon planeri*)

ORDNUNG: NEUNAUGEN

Das Bachneunauge ist in Bächen und kleinen Flüssen in Nord- und Nordosteuropa von Irland und Großbritannien bis nach Russland verbreitet. In Südeuropa kommt es in Südfrankfreich, Italien, Albanien und Dalmatien vor; im Einzugsgebiet des Schwarzen Meeres fehlt es. Es gehört zu den (nicht wandernden) Standfischen und erreicht eine Länge von 10–16, seltener bis zu 20 cm. Im Unterschied zu seinen Verwandten ist es kein Schmarotzer. Seine Larven leben 3–5 Jahre in Schlamm- und Sandablagerungen verborgen und ernähren sich von Algen und kleinen wirbellosen Tieren. Nachdem die Querder eine Länge von 10–15 cm erreicht haben, wandeln sie sich im Herbst des 4. bis 5. Lebensjahres in erwachsene Tiere um. Dabei entwickeln sich die Augen, in der Umgebung der Mundöffnung bilden sich Hornzähne. Die Verdauungsorgane werden jedoch zurückgebildet, so dass die jungen Bachneunaugen keine Nahrung mehr aufnehmen können. Im Frühjahr des folgenden Jahres werden die Jungfische geschlechtsreif und laichen im Herbst. Das Weibchen legt etwa 1500 Eier in Gruben auf sandigem oder kiesigem Grund ab. Die Laichzeit dauert etwa drei Wochen. Die Männchen verlassen die Laichgründe früher als die Weibchen. Rund 14 Tage nach dem Laichen sterben die ausgemergelten Bachneunaugen.

Die meisten im Süßwasser lebenden Neunaugen werden nicht besonders groß und entgehen dank ihrer verborgenen Lebensweise der Aufmerksamkeit. In Europa haben

2

3

4

sie fast keine wirtschaftliche Bedeutung. Noch im vorigen Jahrhundert wurden auf den Fischmärkten der europäischen Städte die größeren Flussneunaugen (*Lampetra fluviatilis*) angeboten, die zum Laichen aus dem Meer in die Flüsse wanderten. Als Folge der Gewässerverschmutzung, des Baues von Talsperren und der Regulierung von Flussbetten sind heute alle europäischen Neunaugenarten vom Aussterben bedroht. Am meisten gefährdet sind die Wanderfische. Der letzte Zufluchtsort der ständig in Süßwasser lebenden stationären (nicht wandernden) Arten sind kleine Abschnitte von säuberen Bächen und kleinen Flüssen im Gebirgsvorland.

Die Larven der Neunaugen (Querder) sind äußerlich den erwachsenen Tieren ähnlich, ihr Körperbau erinnert allerdings an den des Lanzettfischchens, eines primitiven Chordatieres mit dem sie anfangs manche Wissenschaftler verwechselten. Die Querder sind blind, weil ihre Augen noch mit Haut überdeckt sind. Nach der Metamorphose vergrößern sich die Augen auffallend. Die Lebensdauer der erwachsenen Neunaugen ist unterschiedlich. Nicht parasitische, ständig in Süßwasser lebende Standfische, zu denen das Bachneunauge gehört, sterben kurz nach dem Ablaichen, also 6–9 Monate nach der Metamorphose ab. Parasitische Arten können noch mehr als zwei Jahre als adulte Tiere leben.

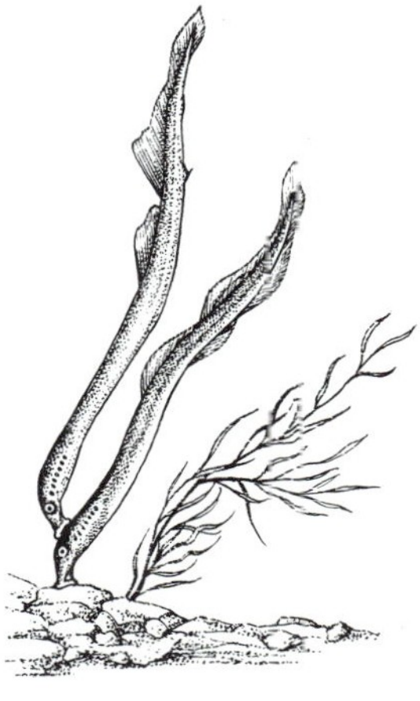

Laichen des Bachneunauges (*Lampetra/ Petromyzon planeri*).

Seeneunauge [5, 6] (*Petromyzon marinus*)

ORDNUNG: NEUNAUGEN

Die größte Neunaugenart ist das Seeneunauge. Es erreicht eine Länge von 50–75, in seltenen Fällen bis zu 1 m. Es bewohnt die Küstengewässer Europas vom Weißen Meer

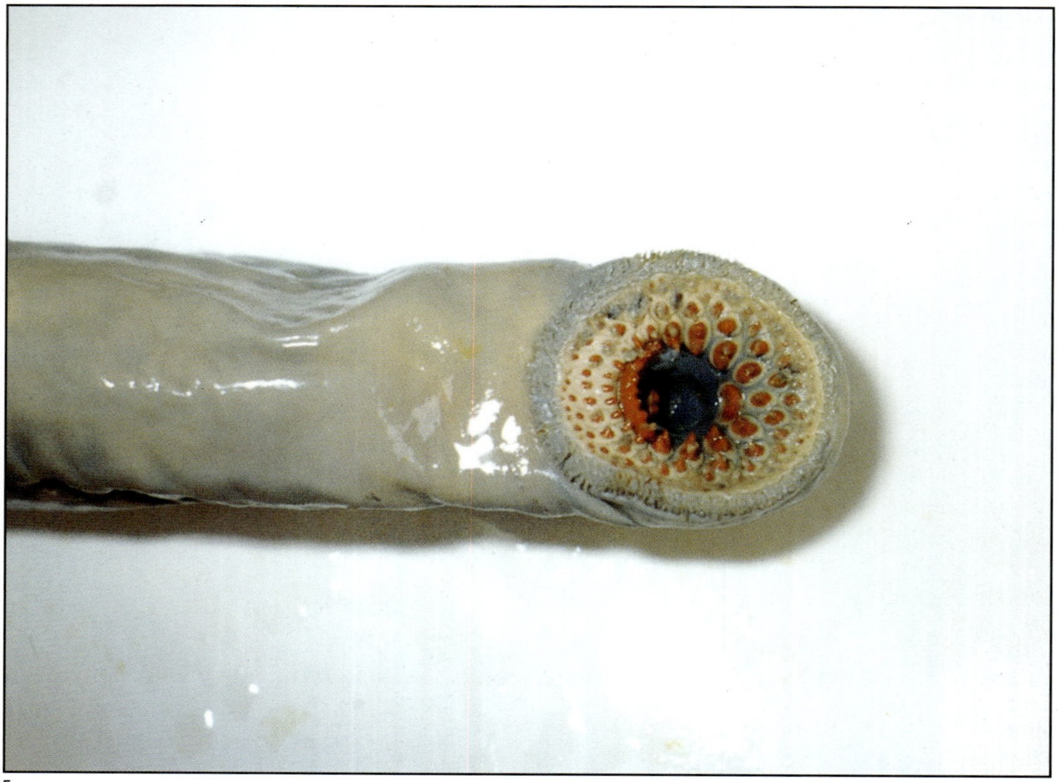

5

über Island bis Gibraltar, das westliche Mittelmeer und die Adria. Im Schwarzen Meer tritt es nicht auf. Es lebt auch an der Ostküste Nordamerikas.

Das Seeneunauge ist ein Wanderfisch. Von März bis Juni zieht es aus dem Meer flussaufwärts zu den Laichplätzen, wo sich die Fische am Grund an kiesigen Stellen in kleinen Gruppen versammeln. Die Zahl der Eier hängt von der Größe des Weibchens

6

ab und bewegt sich zwischen 34 000 und 240 000. In der Laichzeit sind die Männchen ziemlich unverträglich. Die Larven schlüpfen nach 1–2 Wochen. 2–5 Jahre lang leben sie verborgen in feinen Sandablagerungen, wo sie sich von kleinen wirbellosen Tieren ernähren. Die Metamorphose beginnt, wenn sie eine Länge von 15–20 cm erreicht haben. Sobald sich die Umwandlung vollzogen hat, wandern die Jungfische ins Meer, wo sie im Alter von 3–4 Jahren geschlechtsreif werden. Das Seeneunauge gehört zu den parasitischen Neunaugen. Nachdem es sich festgesaugt hat, reibt es mit seiner scharfen, raspelartigen Zunge die Haut des Wirtsfisches auf und saugt sein Blut und das mit der Zunge geraspelte Fleisch. Es saugt sich sehr fest an sein Opfer an. Die befallenen Tiere schwimmen so lange mit dem unwillkommenen Gast, bis sie zugrunde gehen oder bis das Neunauge ein anderes Beutetier aufsucht. Die Fischer hassen die Seeneunaugen, denn sie richten beträchtlichen Schaden an. Nachdem der Ontario- und Eriesee durch einen Kanal verbunden worden waren, drangen im Jahr 1921 Seeneunaugen in die höher gelegenen Großen Amerikanischen Seen ein und führten dort in den folgenden Jahren zu einer katastrophalen Abnahme der Lachsbestände, so dass viele Fischereibetriebe zugrunde gerichtet wurden.

Schleimfisch, Ingerfisch [7] (*Myxine glutinosa*) *ORDNUNG: INGER*

Die Inger, von denen man etwa 32 Arten kennt, sind in der gemäßigten Zone und in den warmen und subtropischen Gewässern des Atlantischen, Pazifischen und Indischen Ozeans verbreitet. Es sind überwiegend nachtaktive Tiere. Sie haben keine runde, sondern eine sternförmige Mundöffnung. Sie ist von Barteln gesäumt, die als Tastorgane dienen. Die Augen liegen tief in der Haut, so dass der Eindruck entsteht, sie seien nicht vorhanden. Der ganze Körper ist mit Schleim bedeckt, der von Drüsen an den Seiten des Körpers abgesondert wird. Ein oder zwei Inger sollen, wenn man sie in einen Eimer voll Wasser steckt, das Wasser in kurzer Zeit in dickflüssiges, schleimiges Gelee verwandeln. Die Hautfärbung der Inger ist wechselnd und schwankt von rosaroten bis rotgrauen Schattierungen.

Die Entwicklung verläuft direkt, ohne Larvenstadium. Die Hauptnahrung des Schleimfisches sind Weich- und Krustentiere, häufig fallen sie jedoch auch über kranke oder wenig bewegliche Fische her. Nachdem sie sich festgesaugt haben, bohren sie sich tief in das Fleisch ein, manchmal bis zur Bauchhöhle, wo sie die Eingeweide ausfressen. Vom Wirtsfisch bleibt dann nur das mit Haut überzogene Skelett übrig.

7

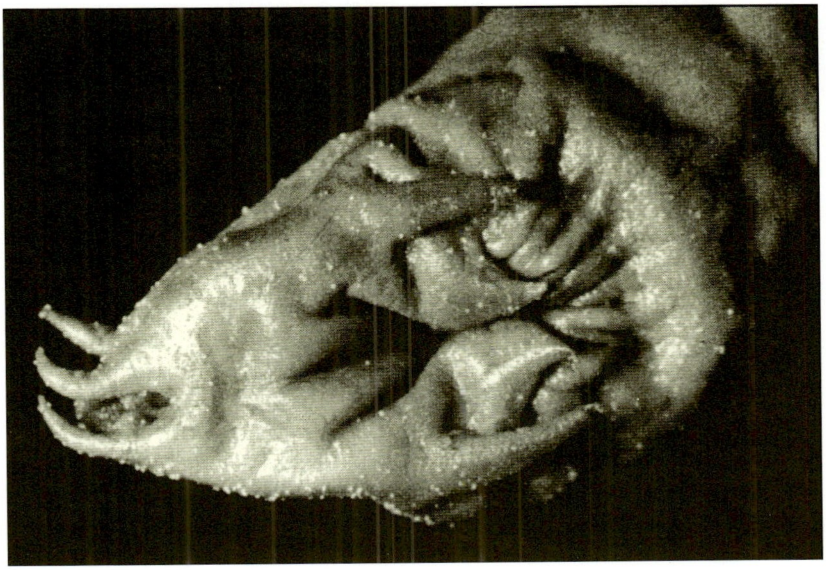

8

Blauhai [8] (*Prionace glauca*)

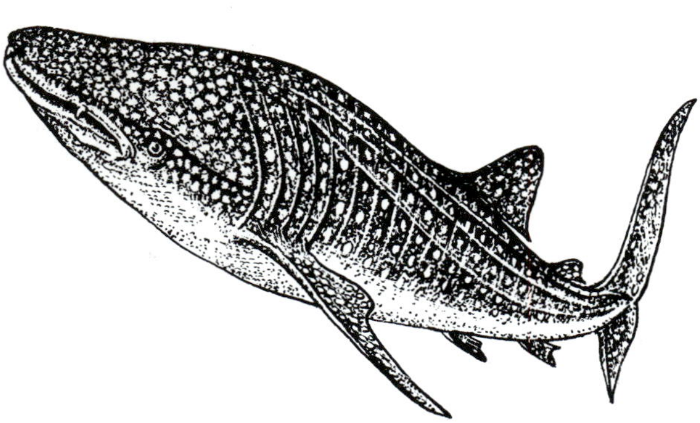

Der Walhai (*Rhincodon typus*)
ist ein harmloser Riese,
der sich von Plankton ernährt.

Kapitel 2

DIE RAUBFISCHE DER OZEANE

„Neben den wenigen Kopffüßern, ... sind die Haifische die einzigen Meeresraubtiere, die wirklich den Menschen angreifen, um ihn als Beute zu gewinnen. Die räuberischen Tiere haben dann auch allerorts die Rachsucht des Menschen heraufbeschworen und ihn sich zum unerbittlichen Feind gemacht. Andere Fische fängt man des Nutzens wegen, den sie gewähren, beim Fange der größeren Haifische kommt aber meist weniger der Nutzen als die Absicht in Betracht, möglichst viele von ihnen unschädlich zu machen." Diese Zeilen findet man in Brehms Tierleben, dem einstmals grundlegenden Werk der Zoologie. Sie drücken kurz und klar die gängige Meinung über Haie aus, die von den meisten Menschen für mordlustige Bestien gehalten werden, die kein Recht auf Leben haben. Auch der berühmte französische Ozeanologe J.J. Cousteau zeigt in seinem legendären Film „Die Welt der Stille" anschaulich, wie man mit Haien umgehen soll. In einer Szene schlägt die Besatzung seines Schiffes die gefangenen Tiere vor der Kamera mit Keulen und Äxten tot und der Kommentator spricht von Rache. Erst nach vielen Jahren weiterer Forschungsarbeit lernte Cousteau die Gesetze des Ozeans zu verstehen, und aus dem einstigen Haifischfänger wurde ein leidenschaftlicher Beschützer dieser Tiere. Es ist wahr, dass manche Haiarten wegen ihrer Größe, ihrem Gebiss und ihren Jagdgewohnheiten dem Menschen gefährlich werden können. Haie sind nun einmal Raubfische und versuchen instinktiv, sich jeder geeigneten Beute im Wasser zu bemächtigen. Sie greifen nicht aus Wut, Hass, Bosheit oder anderen menschlichen Eigenschaften an, wie die Autoren von Horrorfilmen den Zuschauern vorgaukeln wollen. Die Zahl der Opfer von verhängnisvollen Begegnungen mit Haien ist geringfügig im Vergleich mit den Tausenden von Toten, die alljährlich in Kriegen und bei Verkehrsunfällen ums Leben kommen oder von ihren Mitmenschen ermordet werden. Aus dem Körper der Haifische werden jedoch auch kosmetische Präparate und Heilmittel hergestellt. Früher gewann man aus ihnen Lebertran, heute werden speziell aus Haiknorpeln „Wundermittel" hergestellt. Das jahrhundertlange Ausrrotten, verbunden mit der allgemeinen Verschmutzung der Meere und Ozeane, hat dazu geführt, dass manche Haiarten kurz vor dem völligen Aussterben stehen. Das ist um so trauriger, als die Haie lange vor uns die Erde bewohnten – ihr Stammbaum reicht nämlich bis in das jüngere Paläozoikum, in die Zeit vor mehr als 370 Millionen Jahren zurück.

Blauhai [8] (*Prionace glauca*) *ORDNUNG: HAIE*

Dem Blauhai kann man in allen Ozeanen und Meeren der Welt mit Ausnahme der Polargebiete begegnen. Er sucht vorzugsweise wärmere Meere auf, wo er sich in großen Schwärmen gern in der Nähe der Oberfläche aufhält. Am besten gedeiht er in tropischen Gewässern. Seinen Artnamen verdankt er den bläulich schimmernden Seiten. Der Bauch ist reinweiß. Der Blauhai gehört zu den lebendgebärenden Arten. In einem Wurf finden sich 4–30, in seltenen Fällen über 100 entwickelte Junge. Der Blauhai erreicht eine Länge von 3–7, in Ausnahmefällen über 7 m und ein Gewicht von 400 kg.

9

10

11

Weißspitzen-Hundshai [9, 10, 11, 12] (*Triaenodon obesus*) ORDNUNG: HAIE

12

Der Weißspitzen-Hundshai kommt im östlichen Pazifik und an der Küste von Panama und Costa Rica vor. Er gehört zur Gruppe der sog. Riffhaie, die sich häufig über Korallenriffen aufhalten. Tagsüber ruht er am Grund von klaren Küstengewässern. In der Dämmerung begibt er sich auf die Jagd. Er ernährt sich vor allem von kleinen Bodentieren, besonders Weichtieren und Kopffüßern. Kleinere Exemplare werden zur Beute anderer Haie und großer Barsche. Der Weißspitzenhai ist recht scheu und greift Menschen nur an, wenn er verwundet ist. Er vermehrt sich durch Eier, die wie bei allen oviparen Haien viereckig und mit spiraligen Fasern zur Befestigung an Pflanzen ausgestattet sind. Er gehört zu den kleineren Haiarten und erreicht eine Länge von etwa 2 m.

Einigen Augaben zufolge erreicht er ein Alter von bis 25 Jahre. Geschlechtsreif ist er in seinem fünften Lebensjahr.

13

14

15

Großgefleckter Katzenhai [13, 14, 15] (*Cephaloscyllium umbratile*) ORDNUNG: HAIE

Die Katzenhaie sind eine besondere Haigruppe, der etwa 60 Arten angehören. Sie sind vergleichsweise klein, ihr Körper ist langegstreckt, schlank, der Kopf läuft in eine kurze, rundliche Schnauze aus. Sie besitzen längliche, ovale Augen, an deren unterem Rand eine dicke Hautfalte verläuft. Am bekanntesten ist der Kleingefleckte Katzenhai (*Scyliorhinus caniculus*). Er bewohnt den nordwestlichen Atlantik von Westnorwegen und den Shetlandinseln bis zur Nordsee und dem Ärmelkanal, sein Verbreitungsgebiet reicht im Süden bis Senegal. In der Ostsee tritt er aber nicht auf. Die Weibchen legen mit einer kantigen Hülle umgebene Eier ab, die mit Hilfe von elastischen Anhängseln an Pflanzen befestigt werden (Abb. 14, 15). Die Entwicklung der Jungen dauert 5–11 Monate. Die Fortpflanzung verläuft in den Wintermonaten.

Aus den warmen Meeren sind prächtig gefärbte Katzenhaie bekannt, einer von ihnen ist der Großgefleckte Katzenhai. Er bewohnt die Meere des indopazifischen Gebietes und ist im Osten bis Neuguinea verbreitet. Seine Länge beträgt 120 cm, er hält sich in Tiefen von 20–200 m auf.

Epaulettenhai [16] (*Hemiscyllium ocellatum*) ORDNUNG: HAIE

Noch schöner ist der den Katzenhaien nahe verwandte Epaulettenhai aus der selbständigen Familie Hemiscylliidae. Er stammt aus dem selben Gebiet wie die vorhergehende Art und tritt auch an der australischen Küste in großen Zahlen auf. Der Fisch wird 130 cm lang. Ähnlich wie der Großgefleckte Katzenhai ernährt er sich hauptsächlich von Bodentieren, Fischen und Wirbellosen – Krabben, Weichtieren u.a. Junge Exemplare erwecken in den großen Ausstellungsaquarien der ganzen Welt gebührendes Aufsehen. Aufgrund seiner charakteristischen Färbung lässt sich der Epaulettenhai nicht mit anderen Haiarten verwechseln.

16

17

Port Jackson-Hai [17] (*Heterodontus portusjacksoni*) ORDNUNG: HAIE

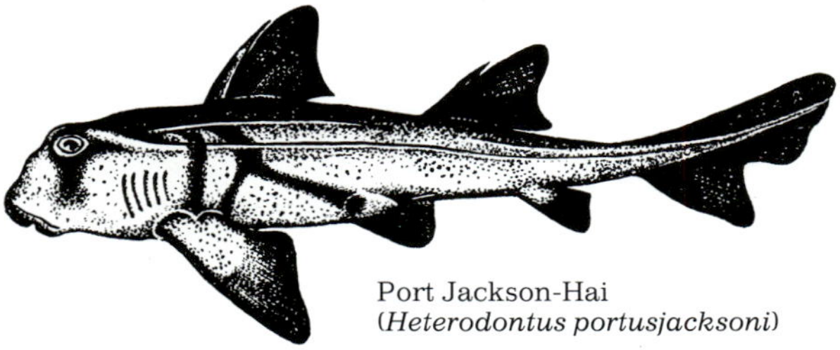

Port Jackson-Hai
(*Heterodontus portusjacksoni*)

Der Port Jackson-Hai, der wegen seines breiten, robusten Kopfes auch Stierkopfhai genannt wird, ist ein Bewohner der australischen Küstengewässer. Manche seiner Merkmale erinnern an die ausgestorbenen Haiarten, deshalb wird er manchmal zu den sog. lebenden Fossilien gezählt. Er ernährt sich hauptsächlich von wirbellosen Bodentieren, vor allem Weichtieren. Schnecken und Muscheln zermalmt er mit seinen großen flachen Zähnen. Die Vermehrung erfolgt durch Eier. Sie sind mit besonderen kegelförmigen Kapseln ausgestattet (Abb. 17), die aus zwei schraubig ineinandergreifenden Plättchen bestehen. Die Jungen schlüpfen nach 9–12 Monaten. Der Port Jackson-Hai wird höchstens 1,5 m lang.

Glatthammerhai [18, 19] (*Sphyrna zygaena*) ORDNUNG: HAIE

Eine besondere Familie stellen die Hammerhaie (Sphyrnidae) dar. Ihr typisches Merkmal ist der nach den Seiten verbreitete Kopf, der an einen Hammer erinnert. Die Augen sitzen am Ende der Kopfausläufer. Einige Wissenschaftler behaupten, dass diese Kopfform die Körperstabilität und Manövrierfähigkeit verbessert, andere nehmen an, dass die weit auseinanderliegenden Augen und breiten Nasenöffnungen den Tieren dabei helfen, ihre Beute besser wahrzunehmen. Er lebt in den Meeren der tropischen und gemäßigten Zonen aller Kontinente. Er gehört zu den lebendgebärenden Arten. Die Hauptnahrung des Hammerhais bilden Knochenfische und Rochen, mit Vorliebe wartet er auch auf die Abfälle von Fischereifahrzeugen. Er erreicht eine Länge von 4–6 m. Abb. 19 zeigt die Anordnung der Zähne in den Kiefern.

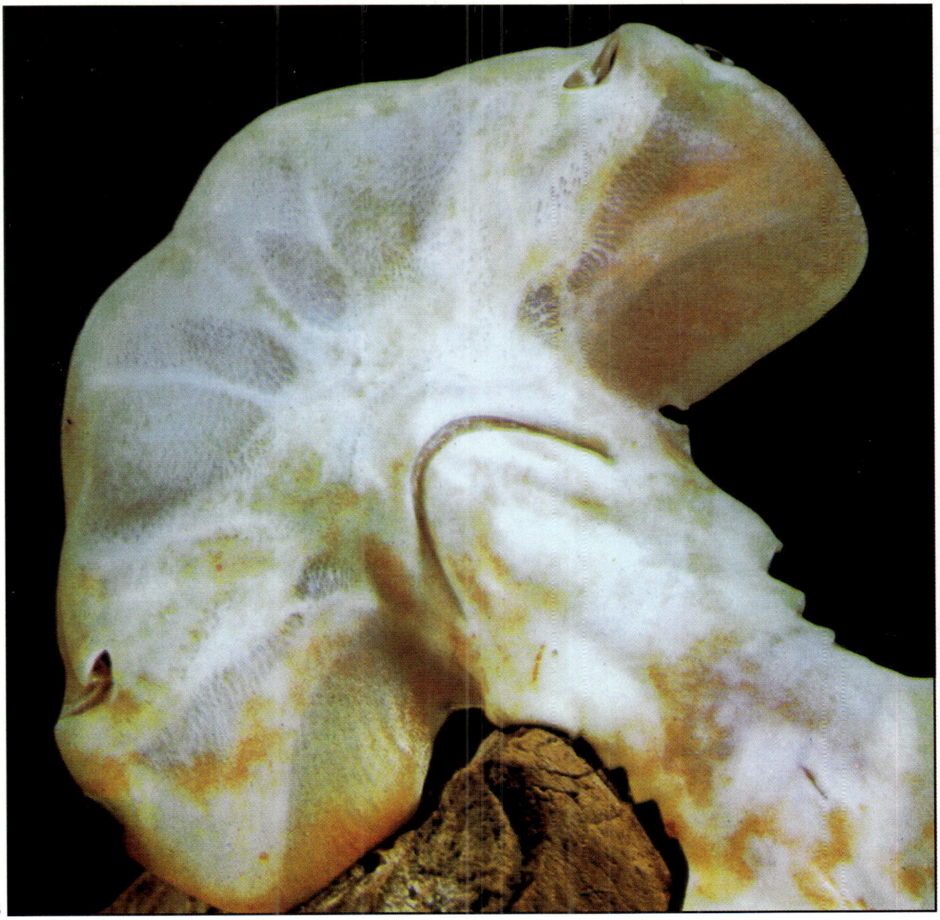

18

19

20

Drescherhai, Fuchshai [20] (*Alopias vulpinus*) ORDNUNG: HAIE

Das typische Merkmal des Drescherhaies ist der verlängerte obere Lappen der Schwanzflosse, der ebenso lang sein kann wie der Körper. Der Drescher verwendet ihn als Keule, mit deren Hilfe er die Fischschwärme zusammendrängt und die Beute betäubt. Er kommt weltweit in warmen und tropischen Meeren vor. Der Fisch gehört zu den ovoviviparen Arten, die Embryonen sind Eierfresser. Die am besten entwickelten Embryonen verzehren also ihre schwächeren Geschwister im Mutterleib. Der Drescher erreicht eine Länge von 6 m, die Jungen sind bei der Geburt 1,5 m lang.

21

Leopardenhai [21] Gattung: *Triakis* ORDNUNG: BLAUHAIE

Die Leopardenhaie gehören zu den kleineren Haiarten – sie erreichen eine Länge von etwa 1 m. Sie sind verhältnismäßig ruhig und anspruchslos, weshalb sie häufig in Aquarien von zoologischen Gärten zu sehen sind. Ein typisches Merkmal dieser Haie sind die sehr scharfen dreizackigen Zähne. Zu ihren nahen Verwandten gehören die Glatt- oder Hundshaie der Gattung *Mustelus*, die in den Meeren aller Kontinente anzutreffen sind.

Meersau [22] (*Oxynotus centrina*) ORDNUNG: HAIE

Dieser hochrückige Hai kommt nicht allzu häufig im Atlantischen Ozean von den Hebriden bis nach Marokko, im Mittelmeer und in der Adria vor. Er hält sich auf sandigem oder schlammigem Grund in Tiefen von 100–500 m auf. Sein typisches Kennzeichen ist ein Stachel in der Mitte der Rückenflosse. Die Oberfläche des Körpers ist sehr hart und rauh. Der Fisch erreicht eine Länge von etwa 1 m, die Art ist lebendgebärend. Meist besitzt sie Leuchtorgane, bei den Haien der Gattung *Istius* phosphoresziert sogar der ganze Körper grün. Der Bauch dieser Haie ist stark abgeflacht und der Körper langgestreckt. Zu den bekanntesten Vertretern der Tiefseehaie gehört der Braune Dornhai (*Centrophorus squamosus*), der vor allem aus dem nordöstlichen Atlantik (aus Tiefen um 1500 m) bekannt ist. Sein naher Verwandter ist *C. foliaceus*, der in der Umgebung der Japanischen Inseln in einer Tiefe von 600 m auftritt. Den Braunen Dornhai kannten und fingen die Fischer schon am Ende des vorigen und am Beginn unseres Jahrhunderts in der Umgebung von Island und Schottland. Zu den Tiefseehaien gehört auch der Großmaulhai (*Megachasma pelagios*), der über 5 m lang wird. Er lebt in Tiefen von 1500 m (Australien, Perth) und ist ein typischer Planktonfresser. Erstmals wurde er 1976 gefangen und 1983 beschrieben.

22

23

Einfarb-Ammenhai [23] (*Nebrius ferrugineus*)

ORDNUNG: HAIE

Die Art gehört zu den sog. Barthaien, weil sie am Mund lange Barteln aufweist, die als Tastorgan dienen. Sie ist rotbraun gefärbt. *Nebrius* gehört zu den ovoviviparen Haien, das Weibchen produziert 21–28 Eier. Er tritt hauptsächlich in der tropischen und subtropischen indopazifischen Region auf und erreicht eine Länge von etwa 3 m.

Atlantischer Ammenhai [24] (*Ginglymostoma cirratum*)

ORDNUNG: HAIE

Manchmal wird er als „gleichgültiger“ Hai bezeichnet. Er bewohnt die warmen Gewässer des westlichen Atlantischen Ozeans. Sein Kopf ist stumpf und gedrungen, den Mund umgeben lange Barteln. Einen großen Teil seines Lebens verbringt er untätig am Grund, oft in Schwärmen von 3–30 Exemplaren. Mit Hilfe seiner Flossen und der kräftigen Brustmuskeln kann er auch über den Boden kriechen. Auf die Jagd begibt er sich in der Dämmerung. Er ernährt sich vor allem von Fischen, verschmäht aber auch kleine wirbellose Bodentiere nicht. Seinen Speisezettel bereichert er sogar durch Algen. Er hat verhältnismäßig kleine Zähne, versteht es aber, die Beute mit Hilfe der Brustmuskeln festzuhalten. Er wird wegen seiner harten, festen Haut gejagt. Der Fisch erreicht eine Länge von mehr als 4 m.

Atlantischer Zitronenhai [25] (*Negaprion brevirostris*)

ORDNUNG: HAIE

Diese Art wird oft in großen Seeaquarien gehalten und häufig von Wissenschaftlern zu Forschungszwecken im Labor verwendet. Sie erreicht eine Länge von 3–4 m. Die Haie der Gattung *Negaprion* leben in Küstennähe und halten sich am Boden oder in seiner Nähe auf. Nur beim Verfolgen der Beute steigen sie zur Oberfläche auf. Sie bevorzugen Buchten mit sandigem Boden, manchmal wagen sie sich sogar auf Sandbänke vor, so

24

dass ihre Rückenflosse aus dem Wasser herausragt. Diese Haie sind ziemlich träge und jagen langsame Fische, vor allem Igelfische. Der Zitronenhai tritt in großen Zahlen an der südamerikanischen Küste auf. Weiter nördlich im westlichen Atlantik reicht sein Verbreitungsgebiet bis New Jersey. Er ist tag- und nachtaktiv und kann auch in Mangrovebeständen bei niedrigen Sauerstoffkonzentrationen leben.

25

26

Stechrochen [26] (*Taeniura melanospilos*) *ORDNUNG: ROCHEN*

Die Rochen bilden eine besondere Ordnung der Knorpelfische. Sie umfassen über 300 Arten, die in den gemäßigten und tropischen Meeren verbreitet sind. Mit Ausnahme der Sägefische besitzen alle einen abgeplatteten Körper mit auffallend großen Brustflossen. Der Schwanz ist meist kurz, peitschenförmig, die Rückenflossen sind klein. Der Mund und die Kiemenöffnungen befinden sich auf der Unterseite des Kopfes, auf seiner Oberseite tragen die Rochen Spritzlöcher. Die meisten Arten sind Bodenbewohner und ernähren sich von Weichtieren und Krebsen. Die größte Art – der Teufelsfisch oder Riesenmanta (*Manta birostris*) – lebt nur von Plankton. Manche Rochen tragen einen scharfen Stachel auf dem peitschenförmigen Schwanzstiel, in den eine Giftdrüse mündet. Die Zitterrochen aus der Gattung *Torpedo* können starke elektrische Entladungen von 70–220 V erzeugen, die zur Verteidigung und zum Betäuben der Beute dienen. Trotzdem genießen alle Rochen den Ruf, ruhige und friedfertige Tiere zu sein. Sie schwimmen mit großer Eleganz, indem sie mit ihren breiten Brustflossen wellenartige Bewegungen ausführen.

Der Sägehai aus der Gattung *Pristiophorus* erinnert zwar an einen Sägefisch, ist jedoch mit den Haien verwandt.

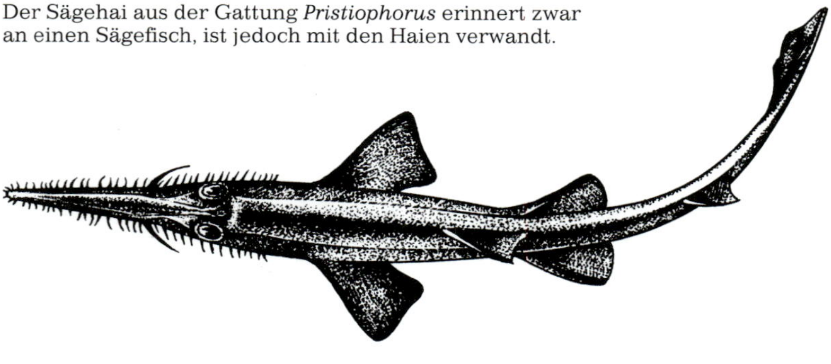

Pfauenaugen-Stechrochen [27] (*Potamotrygon motoro*)

Diese Art gehört zu den Süßwasserrochen, die in den großen Flüssen Südamerikas – im Amazonas, Rio Negro, Orinoco – weiter im Süden bis nach Paraguay verbreitet sind. Der Fisch ist prächtig gefärbt, auf dunkelbraunem Grund befinden sich auf der Rückenseite hellgelbe, schwarz umrandete Tupfen. Der Körper läuft in einen langen, peitschenförmigen Schwanz aus. In den letzten Jahren wird die Art oft nach Deutschland importiert und in Aquarien ausgestellt. Sie vermehrt sich in Gefangenschaft recht gut. Die Länge beträgt 150 cm. Foto 27 zeigt ein Männchen.

In bezug auf ihre Lebensweise scheinen die Rochen das genaue Gegenteil der Haie zu sein. Man hält sie oft für faul und ungewandt. In der Nähe der Küste graben sie sich im Sand ein und lauern unbeweglich auf Beute. Zur Anpassung an die Umgebung trägt auch die Färbung bei. Die Rochen können einfarbig sein oder verschiedene Zeichnungen aufweisen, so dass die Körperkonturen undeutlich werden und verschiedene Muster entstehen, die der Struktur des Bodenreliefs gleichen. Die Tiere wirken unbeholfen, können jedoch sehr gut und mit großer Gewandtheit schwimmen. Obwohl sie sich am häufigsten in Küstennähe aufhalten, kann man ihnen auch auf dem offenen Meer begegnen, wo sie sich dicht unter der Oberfläche bewegen, so als würden sie sich sonnen. Oft treten sie in Schwärmen auf. Für den Menschen haben die Rochen keine so große Bedeutung wie die Haie. Ihr Fleisch ist nicht besonders schmackhaft aber in manchen Gebieten werden sie verhältnismäßig intensiv gefischt, weil dort noch immer der Aberglaube herrscht, ihr Fleisch sei heilkräftig. Die raue Haut der Rochen wurde früher – ähnlich wie die der Haie – zum Polieren von Holz verwendet.

Trotz ihres friedlichen Charakters können manche Arten dem Menschen gefährlich werden. Außer dem Zitterrochen gilt das vor allem für die Stechrochen (Dasyatidae), deren Schwanzstachel mit einer Giftdrüse verbunden und mit Widerhaken versehen ist, so dass er fest in der Wunde steckenbleibt. Die davon herrührenden Verletzungen sind äußerst schmerzhaft und die Wunden entzünden sich häufig.

27

28

Blauflecken-Stechrochen [28] (*Taeniura lymna*) *ORDNUNG: ROCHEN*

Ein prachtvoll gefärbter Fisch, der große Teile der tropischen Zone des Indischen und Pazifischen Ozeans, einschließlich des Roten Meeres bewohnt. Er erreicht eine Länge von 2,5 m. Seine Rückenseite ist sandig braun mit großen hellblauen Tupfen, am Schwanz verläuft ein blauer Streifen, die Bauchseite ist silberweiß. In der Nacht sucht der Fisch flache Küstengewässer auf, wo er kleine wirbellose Tiere jagt. Junge Exemplare werden häufig in Aquarien und Ozeanarien zur Schau gestellt.

Fleckenrochen [29] (*Raja montagui*) *ORDNUNG: ROCHEN*

Die Art gehört zu den sog. Echten Rochen aus der Gattung *Raja*, die durch einen rautenförmigen Körper, eine zugespitzte Schnauze und einen dünnen Schwanz gekennzeichnet sind. Sie treten in den gemäßigten Meeren auf der ganzen nördlichen Hemisphäre auf. Fleckenrochen leben in flachen Küstengewässern, steigen aber bis zu einer Tiefe von 500 m herab. Sie halten sich auf sandigem oder schlammigem Grund auf, wobei sie sich auf die Bauchflossen stützen. Sie ernähren sich von kleineren Fischen und vor allem von Krebsen. Ihre Länge beträgt höchstens 1 m. Wegen ihrer prächtigen Färbung werden sie oft in Seewasseraquarien ausgestellt.

Zitterrochen [30] (*Torpedo spec.*) *ORDNUNG: ROCHEN*

Die Aufnahme zeigt einen bislang wahrscheinlich noch nicht beschriebenen, etwa 30 cm langen Rochen aus dem nördlichen Teil des Roten Meeres. Zitterrochen

29

unterscheiden sich von den Echten Rochen durch ihren rundlichen Körper, die glatte Haut ohne Dornen und den kräftigen Schwanz, an dessen Ende sich eine dreieckige Flosse befindet.

30

Marmor-Zitterrochen [31] (*Torpedo marmorata*) ORDNUNG: ROCHEN

31

Der Marmor-Zitterrochen bewohnt die Küsten Südeuropas und den Atlantischen Ozean bis zum Golf von Biscaya. Er wird 80, in Ausnahmefällen 100 cm lang. Die Rückenseite ist gelbbraun bis rötlich, mit großen dunkelbraunen Flecken. Das elektrische Organ der Zitterrochen setzt sich aus etwa 600 elektrischen Elementen (Elektroplaxen) zusammen, in denen sich Muskelplatten mit Nervenendigungen befinden. Die elektrische Entladung entsteht durch Summierung der Entladungen aller Einzelelemente. Die Spannung der Einzelelemente des elektrischen Organs ist nicht groß, die resultierende elektrische Ladung kann jedoch bei einer Stromintensität von 7–8 A eine Spannung von bis zu 300 V erreichen. Der Marmor-Zitterrochen ist also imstande, auch große Tiere und sogar den Menschen zu betäuben und zu töten.

Sägefisch [33] (*Pristis pectinatus*) ORDNUNG: ROCHEN

Die seltsamsten Vertreter aus der Gruppe der Rochen sind zweifellos die Sägefische (Pristidae). Sie haben einen langgestreckten, schlanken Körper und die typische, lange Schnauze, die beiderseits mit stiftförmigen Zähnen besetzt ist. Der Sägefisch lebt im östlichen Atlantik von Portugal bis zur Küste von Angola. Sehr selten tritt er im westlichen Teil des Mittelmeeres auf. Sägefische bewegen sich nicht wie die meisten Rochen, sondern schwimmen ähnlich wie Haie, indem sie den Schwanz nach den Seiten bewegen. Die Beute, hauptsächlich Fische, töten sie durch mächtige Schläge mit der sägeförmig verlängerten Schnauze. Die Säge dient aber ebensogut zur Verteidigung, deshalb ist der Fang dieser Fische gefährlich. Sägefische sind vivipar, das Weibchen birgt in seinem Körper mehr als 20 Junge.

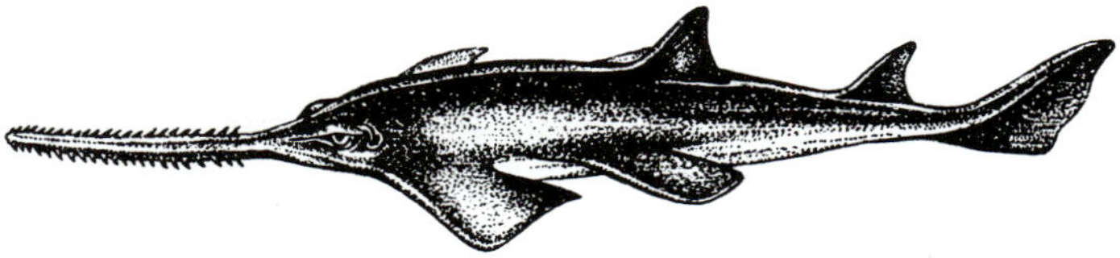

In der Körperform ähnelt der Sägefisch (*Pristis pectinatus*) den Haien, gehört aber zu den Rochen.

Nagelrochen [32] (*Raja clavata*)

Der Nagelrochen tritt in verhältnismäßig großen Zahlen auf. Er kommt im westlichen Teil der Ostsee, im Mittel- und Schwarzen Meer und an der gesamten Westküste Afrikas vor. Sein Körper ist rautenförmig, die Schnauze zugespitzt, der Schwanz dünn und abgerundet. Die Haut ist mit feinen Dornen bedeckt und fühlt sich deshalb rau an. Der Nagelrochen wird 60–70 cm lang.

Er hält sich vor allem auf Sandbänken auf, manchmal steigt er jedoch in Tiefen bis zu 400 m hinab. Die Art ist ovipar, das Weibchen legt im Laufe von drei Wochen 50–70 Eier ab. Die Entwicklung dauert bis zu 14 Monaten. Auf der Abb. 32 ist deutlich die Bezahnung der Kiefer zu sehen.

Nagelrochen finden sich relativ oft in den Schleppnetzen.

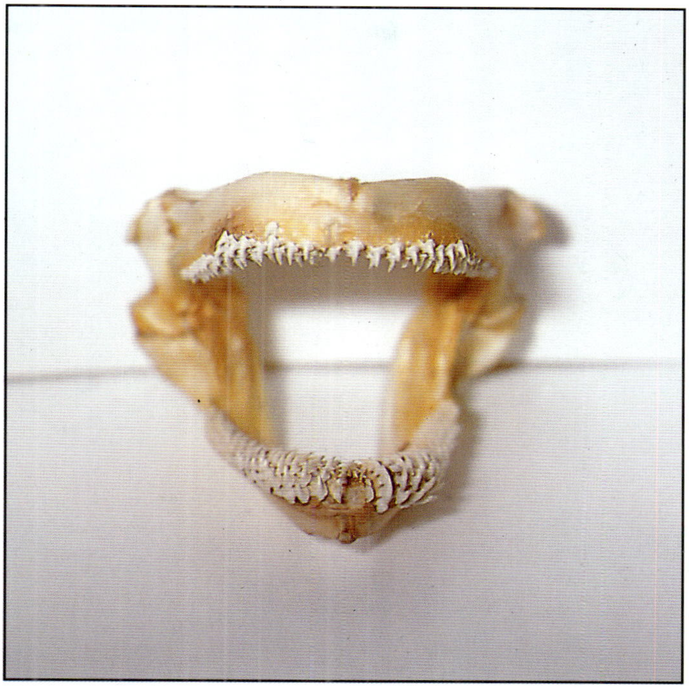

32

33

34

Australischer Lungenfisch [34] (*Neoceratodus forsteri*)

Kapitel 3

LEBENDE FOSSILIEN

Eine entwicklungsgeschichtlich interessante Klasse sind die Lungenfische (Dipnoi). Ihre Entdeckung rief 1835 großes Aufsehen unter den Naturwissenschaftlern hervor, denn diese Fische besitzen neben Kiemen auch Lungensäcke, die ihnen ermöglichen, eine Zeitlang auf dem Land zu leben und atmosphärischen Sauerstoff zu atmen. Manche Zoologen nahmen deshalb ursprünglich an, die Lungenfische seien direkte Vorfahren der Lurche. In dieser Meinung bestärkte sie die Tatsache, dass die Entwicklung der meisten Arten über Larven erfolgt, die verästelte äußere Kiemen aufweisen. Erst gründliche anatomische und paläontologische Studien haben gezeigt, dass die Lungenfische eine uralte Gruppe von Fischen sind, deren Entwicklung keine Fortsetzung gefunden hat. Die wahren Vorfahren der Lurche sind die Quastenflosser (Crossopterygii). 1938 gelang es durch Zufall, ein Exemplar des Komoren-Quastenflossers (Latimeria chalumnae) zu fangen, das mit Recht als lebendes Fossil bezeichnet wurde. Aber nicht einmal diese Gattung ist das gesuchte Verbindungsglied zwischen den Fischen und Lurchen. Die wirklichen Vorfahren der Lurche gehörten einem anderen, heute schon ausgestorbenen Zweig der Quastenflosser an. Die Lungenfische waren Süßwasserbewohner und traten niemals in großen Zahlen auf. Bis auf den heutigen Tag haben zwei Lungenfischordnungen überlebt, die drei Gattungen und sechs Arten umfassen.

Eine andere sehr alte Gruppe sind die Vertreter der Ordnung Flössler (Polypteridae). Unter den heutigen Fischen nehmen sie eine vollständig isolierte Stellung ein. Sie haben manche Merkmale mit den ausgestorbenen Hohlstachlern sowie mit den Lungenfischen gemein. Ein typisches Kennzeichen der Flössler ist die lange Basis der Rückenflosse, die aus einer großen Zahl von kleinen Flösschen zusammengesetzt ist. Die heute lebenden Flösselhechte (Polypteridae) bilden eine einzige Familie, die in den Flüssen und Seen des Tropengebietes von Afrika auftritt. In Nordamerika ist eine andere altertümliche Ordnung – die Knochenhechte – beheimatet. Zu Beginn des Tertiärs lebten einige Knochenhechtarten auch in Europa und Asien, bis zum heutigen Tag blieben sie jedoch nur auf dem nordamerikanischen Kontinent erhalten. In ihrer Körperform sind sie den Hechten ähnlich und besitzen langgestreckte Kiefer wie Krokodile. Der Körper ist mit dicken, verknöcherten Schuppen bedeckt. Ein besonderes, unter den Fischen einzigartiges Merkmal liefert die Wirbelsäule aus gelenkig verbundenen Wirbeln, deren vordere Fläche nach außen (konkav) und die hintere nach innen (konvex) gewölbt ist.

Die Ordnung der Schlammfische oder Kahlhechte (Amiiformes) war einst stark verbreitet, heute lebt jedoch nur eine einzige Art in Nordamerika im Stromgebiet des Mississippi und in den Großen Amerikanischen Seen. Die Schlammfische sind mit den Knochenhechten verwandt und werden gewöhnlich gemeinsam mit ihnen in die Überordnung Knochenganoide (Holostei) eingereiht.

Australischer Lungenfisch [34] (*Neoceratodus forsteri*) *ORDNUNG: LURCHFISCHARTIGE*

Es handelt sich um einen Vertreter der Ordnung Lurch- oder Lungenfischartige (Ceratodiformes). Der Fisch lebt in Nordostaustralien in den Flüssen Burnett und Mary im Staat Queensland. Er erreicht eine Länge von 1,5 bis 1,7 m und ein Gewicht von maximal 10 kg und ist der größte Lungenfisch. Er besitzt nur einen Lungensack und kann nur in nicht dauerhaft austrocknenden Gewässern überleben. Der Körper ist mit großen, runden Schuppen bedeckt. Auch die breiten Brust- und Bauchflossen in der Form eines Weidenblattes sind mit Schuppen bedeckt. Die Flossen weisen einen besonderen anatomischen Bau auf. Von der Mittelachse der Flosse zweigen nach beiden Seiten Flossenstrahlen ab, die Radialien genannt werden. Die ganze Flossse wird als Archipterygium bezeichnet und man betrachtet sie als eine Art Prototyp der Gliedmaßen von am Land lebenden Wirbeltieren. Das Fleisch des Australischen Lungenfisches ist rot und ausgesprochen schmackhaft. Auf den Fischmärkten ist er unter dem Namen Burnettlachs bekannt. Stellenweise wurde er von den Fischern völlig ausgerottet. Ihre Anwesenheit verraten die Lungenfische durch brummende Geräusche, die sie erzeugen, wenn sie an die Oberfläche schwimmen, um den Lungensack auszuleeren.

Afrikanischer Lungenfisch [35] (*Protopterus annectens*) *ORDNUNG: LUNGENFISCHARTIGE*

Er repräsentiert eine der vier afrikanischen Lungenfischarten aus der Gattung *Protopterus*. Der Fisch wird 1–2 m lang und bewohnt die großen Flüsse und Seen von Mittelafrika. Der aalförmige Körper wird auch am Kopf von kleinen Schuppen bedeckt. Es sind zwei Lungensäcke vorhanden. Die paarigen Flossen sind langgestreckt und dünn. Von allen Lungenfischen sind die Kiemen beim Afrikanischen Lungenfisch am stärksten reduziert. Zu Beginn der Trockenperiode, wenn das Wasser rasch austrocknet, graben sich die Fische bis zu 80 cm tief in den Schlamm ein. Aus Schleim und Lehm stellen sie eine Hülle, eine Art Kokon her, an dessen Ende sich eine trichterförmige Öffnung für die Atmung befindet. In dieser Zeit atmen die Tiere nur mit Hilfe der Lungensäcke. Nach etwa einem halben Jahr – zu Beginn der Regenperiode – löst sich die Hülle auf und der Fisch erwacht. Er jagt dann intensiv Fische und kleine Lebewesen, um Fettreserven für die nächste Periode des Sommerschlafs anzulegen. Das Weibchen legt die Eier zwischen Pflanzen ab, das Männchen bewacht das Gelege sowie die ausgeschlüpften Larven sorgfältig und führt den Eiern durch Flossenbewegungen ständig Sauerstoff zu. Der Afrikanische Lungenfisch wird häufig in Aquarien gehalten. In Südamerika leben Vertreter der Gattung *Lepidosiren*.

35

36 

Schönflössler [36] (*Polypterus ornatipinnis*) *ORDNUNG: FLÖSSELHECHTARTIGE*

Die heute lebenden Schönflössler (Polypteridae) sind Vertreter der einzigen existierenden Familie, die aus 10 ausschließlich in den tropischen Flüssen und Seen des afrikanischen Kontinents verbreiteten Arten besteht. Der Schönflössler kommt im Stromgebiet des Kongo vor. Er erreicht eine Länge von etwa 1 m und fällt durch seine bunte Färbung mit zahlreichen hellen Flecken auf dunklem Grund auf. Die fächerförmigen Brustflossen sind dunkel gesäumt. Der Körper ist mit rhombischen Plättchen besetzt, die sich überdecken, so dass sie eine Art Panzer bilden. Die Schönflossler sind typische nachtaktive Fische. Tagsüber liegen sie bewegungslos am Grund, erst bei Eintritt der Dunkelheit begeben sie sich auf die Jagd. Sie führen eine räuberische Lebensweise, ihre Hauptnahrung bilden Fische und kleine Krebse. Sie können ihre Schwimmblase als Luftreservoir nutzen. Die Schönflössler haben ein sehr schmackhaftes Fleisch und werden von den afrikanischen Eingeborenen mit Vorliebe in Reusen und Netzen gefangen.

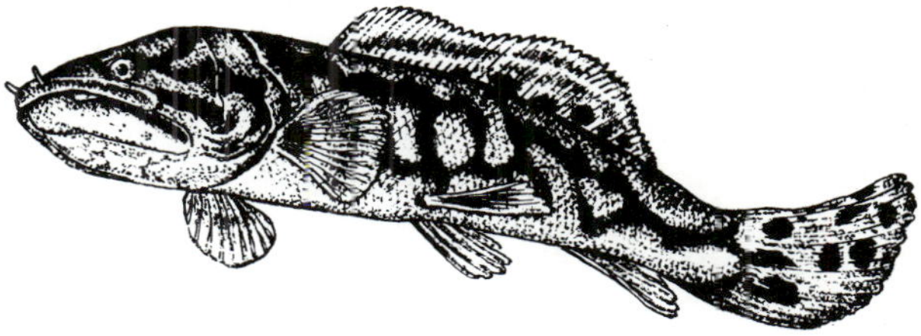

Der Kahlhecht (*Amia calva*)
gehört zu den altertümlichen Fischen.

37

Kaimanfisch [37] (*Lepisosteus tristoechus*) *ORDNUNG: KNOCHENHECHTARTIGE*

Die größte Knochenhechtart stellt der Kaimanfisch dar, der 3,5 m lang wird und bis zu 75 kg schwer ist. Er lebt in den Flüssen, die ins Karibische Meer münden und kann auch in Brackwasser entlang der Meeresküste gefunden werden. Wie alle Knochenhechtarten ist er ein Raubfisch, der auf andere Fische Jagd macht. Seine langgestreckten Kiefer, die denen von Krokodilen ähneln, sind mit kräftigen Zähnen besetzt. Sehr gewandt dringt er in Fischernetze ein, wo er sich die Fische schnappt und dann versucht, sie aus den Maschen herauszuzerren, so dass er die Netze beschädigt. Aus diesem Grund sind die Knochenhechte bei den Fischern nicht gerade beliebt und werden erbarmungslos gejagt. Neben Fischen jagt der Kaimanfisch auch Wasservögel und Geflügel. Sein Fleisch ist schmackhaft, weil es aber ziemlich schwierig ist ihn zu fangen, erscheint er nur hin und wieder auf den Fischmärkten. Mancherorts werden die mit einem perlmutterartigen Überzug bedeckten Schuppen poliert und zur Herstellung von Schmuckgegenständen benutzt. Der Kaimanfisch ist langlebig und wächst verhältnismäßig langsam. Er kann in schlammigem Wasser überleben, in dem andere Fische wegen Sauerstoffmangel zugrunde gehen würden. Die Haltung in Aquarien verträgt er verhältnismäßig gut und kann bei guter Pflege und regelmäßiger Fütterung mit frischen Fischen einige Jahrzehnte in Gefangenschaft leben.

Seiner Größe und Raubgier wegen wird der Kaimanfisch von den Karibik-Einwohnern manchmal Süßwasserhai oder „Alligatorfisch" genannt. Er ist der größte Süßwasserfisch des Nordamerikanischen Kontinents überhaupt. Im Mississippi zieht er oft stromabwärts nach Norden, bis zur Stadt St. Louis. Obwohl er verfolgt wird, tritt er in der freien Natur ziemlich häufig auf. Ein naher Verwandter des Kaimanfisches ist der Tropische Knochenhecht (*Lepisosteus tropicus*), der am südlichsten lebende Vertreter der ganzen Ordnung. Er ist in den Flüssen Südmexikos verbreitet, sowohl, an der atlantischen als auch an der pazifischen Küste. Häufig ist er in Costa Rica, in den Flüssen, die ins Nicaragua-See einmünden.

Kurznasen-Knochenhecht [38] (*Lepisosteus platostomus*)

ORDNUNG: KNOCHENHECHTARTIGE

Der Kurznasen-oder Flachmaul-Knochenhecht unterscheidet sich von den übrigen Arten seiner Gattung durch seine kürzere Schnauze. Er gehört zu den kleineren Arten, ausgewachsene Exemplare sind 40–80 cm lang. Er kommt an ruhigen, vegetationsfreien Stellen in Flüssen und Seen im Stromgebiet des Mississippi vor. Im Unterschied zu den meisten anderen Knochenhechtarten stört ihn trübes Wasser nicht. Die Fische laichen von Mai an bei einer Wassertemperatur von 14–19 °C. In nördlichen Regionen dauert die Laichzeit bis in den Juli. Diese Art wächst verhältnismäßig rasch, Männchen und Weibchen sind bereits im Alter von drei Jahren geschlechtsreif. Die Tiere erreichen ein hohes Alter, in Gefangenschaft können sie bei guter Pflege mehr als 20 Jahre alt werden. Sie jagen in der Regel frühmorgens. Zu ihrer Hauptnahrung gehören Krebse und Fische, gelegentlich auch im Wasser lebende Insekten und deren Larven. Ihre Beute überraschen sie durch einen heftigen, blitzartigen Vorstoß. Kleinere Tiere verschlucken sie gierig auf einmal. In den Sommermonaten steigen die Knochenhechte bei hoher Wassertemperatur von Zeit zu Zeit zur Oberfläche auf, um Luft zu schnappen.

Dem Laichakt gehen stürmische Liebesspiele voran. Auf mehrere Weibchen entfällt oft nur ein Männchen. Das Weibchen legt in einigen Schichten etwa 3 mm große Eier ab, die das Männchen befruchtet. Nach der Befruchtung fallen sie zum Boden, wo sie an der Waservegetation fest haften bleiben. Je nach Temperatur schlüpft nach 10–14 Tagen die Fischbrut, die gar nicht den erwachsenen Fischen ähnelt, sondern eher an die Larven von Schwanzlurchen erinnert.

Charakteristische Merkmale der Knochenhechte sind der lange walzenförmige Körper und die langgestreckten Kiefer, die denen von Krokodilen ähneln. Die Rückenflosse ist ganz nach hinten in die Nähe der rundlichen Schwanzflosse gerückt. Die Nasenlöcher befinden sich an der Schnauzenspitze.

38

39
Sterlet [39] (*Acipenser ruthenus*)

Kapitel 4

DIE RIESEN DER BINNENGEWÄSSER

Die Haie und Rochen sind nicht die einzigen Wirbeltiere vom Fischtypus mit einem Knorpelskelett. Man findet es auch bei den heute lebenden Knorpelfischen aus der Ordnung der Störartigen (Acipenseriformes). Das Vorhandensein eines Knorpelskeletts ist jedoch kein Beweis einer Verwandtschaft mit den marinen Knorpelfischen. Paläontologen haben bewiesen, dass die Ahnen der heutigen Störe ein vorwiegend verknöchertes Skelett besaßen. Ihr Knorpelskelett ist also sekundär. Die Störe haben einen schlanken Körper, dessen Bau dem der Haie ähnelt. Anstelle von Schuppen befinden sich an den Seite fünf Reihen von Knochenplatten. Die Kiefer sind immer zahnlos, der Mund ist mit Barteln besetzt. Die Rückenflosse ist nach hinten verschoben. Der obere Lappen der Schwanzflosse ist länger als der untere. Störe leben ausschließlich auf der Nordhalbkugel, sowohl in Süß- als auch in Meerwasser. Neben dem schmackhaften Fleisch liefern sie einen ausserordentlich begehrten Leckerbissen, den Kaviar (gesalzener und gewürzter Rogen). Die größte Art ist der Hausen (Huso huso), der die Zuflüsse des Schwarzen und Kaspischen Meeres und den Aralsee bewohnt. Er kann eine Länge von 9 m und ein Gewicht von 1 500 kg erreichen. Heute begegnen die Fischer solchen Exemplaren allerdings nicht mehr, denn der jahrzehntelange intensive Fischfang hat die Zahl der Hausen sowie anderer Störe deutlich dezimiert. Andere Fischriesen leben in den tropischen Gewässern von Südamerika. Sie gehören zu den sog. echten Knochenfischen der Ordnung Knochenzüngler (Osteoglossiformes). Sie erreichen eine Länge von über 3 m und ein Gewicht von etwa 200 kg und sind die größten in Süßwasser lebenden Fische der Welt.

Sterlet [39] (*Acipenser ruthenus*) ORDNUNG: STÖRE

Der Sterlet bewohnt die Zuflüsse des Schwarzen, Asowschen und Kaspischen Meeres sowie die großen Flüsse und Seen Nordrusslands und Sibiriens und kommt auch in manchen Zuflüssen der Ostsee vor. Er erreicht eine Länge von 35–60 cm, selten auch bis zu 1 m. Sein Gewicht beträgt bis zu 6 kg. Zur Laichzeit wandert er weit stromaufwärts.

40

Baltischer Stör [40] (*Acipenser sturio*) ORDNUNG: STÖRE

Dieser Stör erreicht gewöhnlich eine Länge von 1–2 m, es sind aber auch 3 m lange und ungefähr 200 kg schwere Exemplare bekannt. Er tritt in Küstengewässern in ganz Europa von Island über Norwegen bis zum Mittelmeer und zur Adria auf. Er ist ein Wanderfisch. Von Anfang April bis Mai ziehen die ausgewachsenen Fische zu den Mündungen der großen Flüsse und wandern stromaufwärts zu den Laichgründen, wo im Juni und Juli die Eier abgelegt werden. Die Jungfische bleiben nach dem Schlüpfen ein bis zwei Jahre in den Flüssen und kehren dann ins Meer zurück. Die Nahrung des Baltischen Störs bilden wirbellose Tiere und Fische.

Glattdick [41] (*Acipenser nudiventris*) ORDNUNG: STÖRE

Der Glattdick bewohnt das Stromgebiet der Donau und das Einzugsgebiet des Schwarzen Meeres. Er lebt auch im südlichen Teil des Kaspischen Meeres und des

41

42

Aralsees. Die größten Exemplare werden bis zu 2 m lang und wiegen 50 kg. Heutzutage beträgt das Durchschnittsgewicht der gefangenen Fische nicht ganz 10 kg. Es sind vier Formen dieser Art bekannt, von denen eine als Standfisch lebt und im Bereich des Eisernen Tors im rumänischen Abschnitt der Donau vorkommt. Drei Formen sind Wanderfische, die bei Herbstbeginn zum Laichen in die Flüsse aufsteigen. Den Winter verbringen sie in tiefen Tümpeln und erst zu Frühlingsbeginn setzen sie ihre Wanderung zu den Laichplätzen fort, wo von März bis Juni die Eier abgelegt werden. Der Glattdick ernährt sich von wirbellosen Tieren, vor allem Weichtieren und macht auch Jagd auf kleine Fische.

Löffelstör [42] (*Polyodon spathula*) — *ORDNUNG: STÖRE*

Der seltsamste nordamerikanische Stör ist zweifellos der Löffelstör. Die meisten Störe besitzen eine zugespitzte Schnauze, aber beim Löffelstör ist sie keulenförmig, flach und erinnert an ein Ruder. Beheimatet ist der Fisch in den sauberen Gewässern und Seen des östlichen und nordöstlichen Teiles der USA. Früher war er in allen großen Flüssen häufig anzutreffen, heute gehört er jedoch zu den ernstlich gefährdeten Arten. Er ernährt sich vor allem von Plankton, indem er Wasser durch das weit geöffnete Maul zu den Kiemenbögen treibt, wo die kleinen Lebewesen von den als Filter funktionierenden Kiemenstäbchen aufgefangen werden. Löffelstöre laichen von Februar bis Mai auf Schotteranschwemmungen am Grund von Flüssen oder auf Sandbänken in Seen. Der ausgewachsene Fisch ist 2 m lang und 90 kg schwer.

Der Schaufelstör (*Pseudoscaphirhynchus kaufmanni*), der im Stromgebiet des Amu-Darja lebt, ist heute fast ausgerottet.

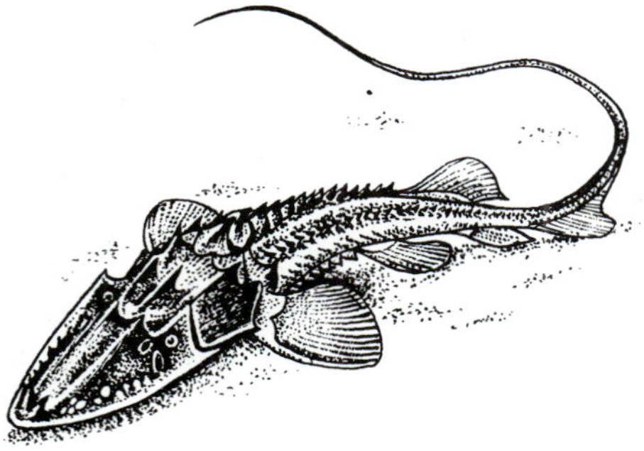

Die Schaufelnasenstöre der Gattung *Pseudoscaphirhynchus* tragen auf der Schnauze einige scharfe Dornen.

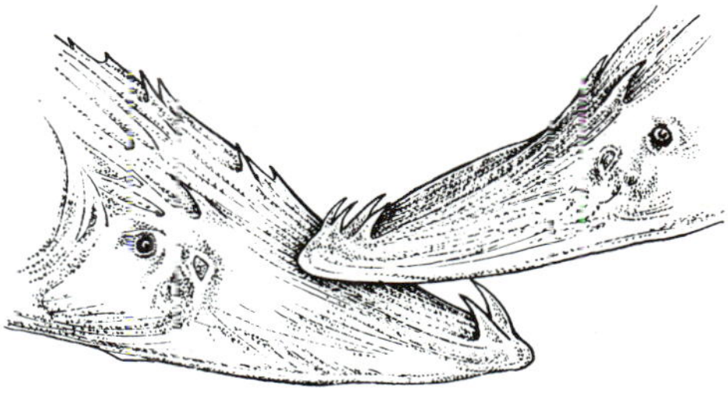

43

Arapaima [43] (*Arapaima gigas*) ORDNUNG: KNOCHENZÜNGLER

In den warmen tropischen Gewässern Südamerikas ist der größte Süßwasserfisch der Welt, der Arapaima beheimatet. Ausgewachsene Exemplare können eine Länge von 3 m und ein Gewicht von 200 kg erreichen. In Amazonien ist dieser riesige Fisch unter dem Namen Piraracu bekannt, in Peru wird er Peice genannt und die Bezeichnung Arapaima ist in Guyana üblich. Der Arapaima besitzt ein auffallend großes Maul. Sein Körper ist mit großen Schuppen bedeckt. Wegen ihrer Größe und des schmackhaften Fleisches werden die Arapaimas von alters her gefischt. Ihr Fleisch wird getrocknet und dann in Ballen gepresst. Es stellt in ganz Amazonien eines der wichtigsten Nahrungsmittel dar. Die einheimische Bevölkerung erbeutete diese Fischriesen mit Hilfe von Pfeil und Bogen oder Harpunen. Heute lassen sie sich in seichten Gewässern leicht mit Schußwaffen töten. Stellenweise wurden sie schon völlig ausgerottet. Die Arapaima wurde deshalb in das internationale Rotbuch der bedrohten Arten aufgenommen.

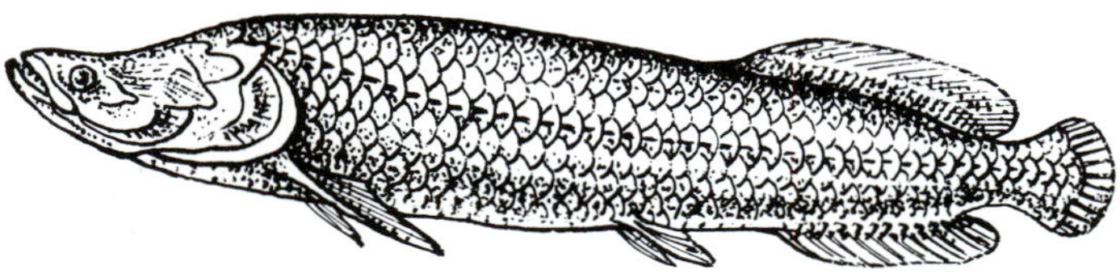

Arapaima (*Arapaima gigas*)

44

Gabelbart oder **Knochenzüngler** [44] (*Osteoglossum bicirrhosum*)

ORDNUNG: KNOCHENZÜNGLER

Der im Volksmund Arowana genannte Gabelbart ist ein kleinerer Verwandter der Arapaimas. Er wird höchstens 80 cm lang und tritt im nördlichen Teil Südamerikas, in Guyana und im Stromgebiet des Amazonas auf. Oft bildet er Schwärme. Unter den Fischen ist er einer der anmutigsten Schwimmer. Er hält sich in flachen Altwässern und auf Sandbänken in Seen auf. Der Fisch lebt räuberisch und jagt alles Lebende von Plankton bis zu Fischen. Ein typisches Merkmal sind zwei verhältnismäßig lange Barteln am Unterkiefer. Der Mund ist groß und schräg nach oben gerichtet. Die Rücken- und Afterflosse bilden zusammen mit der rundlichen Schwanzflosse einen fast zusammenhängenden Saum an der hinteren Körperhälfte. Wie alle Knochenzüngler besitzt auch diese Art große Schuppen und eine verknöcherte Zunge. Das mit scharfen, spitzen Zähnen bedeckte Zungenbein dieser Fische verwenden die Bewohner Amazoniens als Raspel.

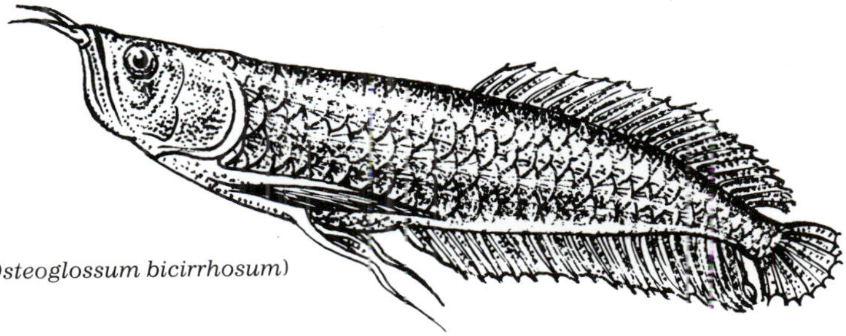

Gabelbart oder Knochenzüngler (*Osteoglossum bicirrhosum*)

45

Bachforelle [45] (*Salmo trutta fario*)

Kapitel 5

FISCHADEL

Kaum eine andere Gruppe von Fischen erfreut sich eines derartigen Interesses und solcher Bewunderung wie die Lachsfische. Lachs, Forelle, Saibling, Huchen, Äschen und andere Arten zeichnen sich durch einen schlanken Körper, anmutige Bewegungen, ein ungewöhnliches Farbenspiel und nicht zuletzt auch durch schmackhaftes Fleisch aus. Sie bewohnen kühle, reine Gewässer in Meeren oder Seen der Nordhalbkugel. Die Sportfischer der ganzen Welt bezeichnen sie nicht ohne Berechtigung als Fischadel. Während sich aber die Fischer über ihre Bewertung einig sind, gilt das keinesfalls für die Zoologen. Das Problem besteht in der systematischen Einordnung dieser Fischgruppe. Ein großer Teil der Wissenschaftler ordnet die Lachse und ihre Verwandten als besondere Unterordnung den Heringsfischen (Clupeiformes) zu, denen u.a. auch die wichtigsten Nutzfische, so wie Heringe, Sardinen und Sardellen angehören. Andere sind jedoch der Meinung, dass sich die Lachse von den genannten Arten so stark unterscheiden, dass sie im zoologischen System in eine besondere Ordnung, Lachsfischartige (Salmoniformes), eingereiht werden sollten – was sich mittlerweile durchzusetzen scheint. Neben den Lachsen ordnen sie ihr auch die Hechte und die ihnen verwandten Hundsfische zu. Wie immer die Lachse aber eingereiht werden, ihrer Schönheit und edlen Form tut dies keinen Abbruch. Die Lachsfischartigen sind außerordentlich auf die Wassersauberkeit und die darin enthaltenen Sauerstoffmengen empfindlich und so zu lebendigen Indikatoren des Umweltzustandes geworden. Die katastrophale Verunreinigung der großen europäischen Flüsse hat den uralten Lachszügen ein Ende gesetzt. Dort, wo es gelungen ist, die Flüsse wieder zu beleben (z.B. die Themse), sind diese edlen Fische nach vielen Jahrzehnten wieder zurückgekehrt.

Bachforelle [45, 46] (*Salmo trutta fario*)

ORDNUNG: LACHSFISCHARTIGE

Die Forellen sind die in den europäischen Gewässern meistverbreiteten Lachsfische. Sie leben im reinen kühlen Wasser von Gebirgsbächen, kleinen Flüssen und Seen. In Abhängigkeit von den Umweltbedingungen bilden sich verschieden große und unterschiedlich gefärbte Formen aus, von denen die Bach- und Seeforelle die bekanntesten sind. Alle diese Formen haben ihren Ursprung in der Meerforelle (*Salmo trutta trutta*), einem Wanderfisch.

46

Lachs [47, 48] (*Salmo salar*)

47

Der Lachs bewohnt die europäischen Küstengewässer vom Weißen Meer über Island, die Nord- und Ostsee bis zum nördlichen Portugal. In früheren Zeiten stieg er in großen Schwärmen in die großen europäischen Flüsse zu seinen altherkömmlichen Laichplätzen auf. Die Jungfische blieben 1–5 Jahre im Süßwasser und wanderten dann ins Meer zurück. Die Errichtung von Talsperren, Wehren, Stauanlagen und die Verschmutzung der Flüsse bereiteten den Wanderungen der Lachse ein Ende und die Laichplätze gingen zugrunde. Der Lachs erreicht eine Länge von 50–120 cm, in Ausnahmefällen bis zu 1,5 m. Er ist silbergrau, Jungfische weisen an den Seiten schwarze und rote Flecken auf, die sich bei erwachsenen Tieren in kleine schwarze Tüpfel umwandeln.

48

Regenbogenforelle [49, 50] (*Salmo [iradeus] gaidneri*) ORDNUNG: LACHSFISCHARTIGE

Die Regenbogenforelle ist die bekannteste Unterart der amerikanischen Forellen, die über die ganze Welt verbreitet wurde und sich fast überall eingebürgert hat. Ihre ursprüngliche Heimat sind die Küsten- und Binnengewässer des westlichen Teiles von Nordamerika, wo es wandernde und stationäre Formen gibt. Weil sie weniger empfindlich gegen Sauerstoffmangel im Wasser ist als z.B. die Bachforelle, begann man sie in Käfigen, die im fließenden Wasser verankert sind, im großen Stil zu ziehen. Aus diesen Zuchtanlagen stammt auch der größte Teil des im Handel befindlichen Forellenfleisches. Die Regenbogenforelle wird höchstens 70 cm lang und 7 kg schwer.

49

50

Donau-Hausen oder **Huchen** [51, 52] (*Hucho hucho*) *ORDNUNG: LACHSFISCHARTIGE*

Der Donau-Hausen ist ein ursprünglicher Bewohner des Stromgebietes der Donau und des Dnjestr. Die Sportfischer nennen ihn Königslachs und sein Fang ist ein unvergessliches Erlebnis. Deshalb wird er häufig außerhalb seines Verbreitungsgebietes künstlich ausgesetzt, z.B. in der Moldau, der Rhône und im Rhein. Sein Körper ist spindelförmig, der Kopf etwas abgeflacht mit einem großen Mund. Der Fisch wird 1,5 m lang. Er ist vorwiegend braun bis graubraun gefärbt, die Seiten tragen einen kupferfarbenen Hauch. Er verbringt das ganze Leben an einem Ort, den er hartnäckig verteidigt. Nur zur Laichzeit ziehen die Huchen in den Oberlauf der Flüsse. Der Laichakt der Donau-Hausen verläuft im März und April. Das Weibchen legt etwa 5 mm große Eier in seichte, mit dem Schwanz ausgehöhlte Vertiefungen in weichen Schotteranschwemmungen ab. Die Fischbrut schlüpft nach etwa 35 Tagen.

51

52

53

Bachsaibling [53, 54] (*Salvelinus fontinalis*) *ORDNUNG: LACHSFISCHARTIGE*

Die ursprüngliche Heimat des Bachsaiblings sind die sauerstoffreichen, kühlen Ströme im Osten von Nordamerika. 1884 wurde er in Europa ausgesetzt, wo er sich sehr gut akklimatisiert hat. Er verträgt auch sehr saures Wasser, weshalb man ihm in Flüssen begegnen kann, die in Torfmooren entspringen oder in Seen, die dem sauren Regen ausgesetzt sind und in denen kein anderer Fisch dauerhaft leben könnte. Der Bachsaibling ist besonders schön gefärbt; auffällig sind vor allem die gelben und roten Flecken auf olivfarbenem Grund. Sein Wuchs hängt von den Umweltbedingungen ab und ist sehr veränderlich. Die größten Exemplare werden über 45 cm lang und wiegen 0,5–1 kg.

54

55

Äsche [55, 56] (*Thymallus thymallus*) *ORDNUNG: LACHSFISCHARTIGE*

Zu den anmutigsten Lachsen gehört die Äsche. Sie besitzt einen schlanken, seitlich etwas abgeflachten Körper und einen kleinen Kopf mit einer zugespitzten Schnauze und einem kleinen Maul. Ein typisches Merkmal liefert zusätzlich die hohe, besonders beim Männchen prächtig gefärbte Rückenflosse. Die Äsche bewohnt kleine, sauerstoffreiche Flüsse mit steinigem Grund in Vorgebirgsgegenden. In Osteuropa kommt sie auch in Seen vor. Sie ist ein sehr geschätzter Fisch mit schmackhaftem Fleisch von würzigem Thymiangeruch. Daher rührt auch ihr Gattungsname – *thymallus*. Sie gehört zu den Standfischen und erreicht maximal eine Länge von 60 cm.

56

57

Große Schwebrenke [57] (*Coregonus lavaretus*) *ORDNUNG: LACHSFISCHE*

Eine besondere Gruppe von Lachsfischen sind die Maränen (Coregonidae). Im Unterschied zu ihren räuberischen Verwandten haben sie keine Zähne und ernähren sich hauptsächlich von Plankton und Insekten. Ihrer Körperform und der silbrigen Färbung nach erinnern sie an manche Karpfenfische, die zusammenfassend als Weißfische bezeichnet werden. Die Schwebrenke ist in den kühlen nordeuropäischen Gewässern beheimatet; bei uns wird sie häufig auch in Teichen gehalten. In ihrer Heimat entwickeln sich sowohl wandernde als auch stationäre Formen. In nahrungsarmen Gewässern kümmern die Fische und werden höchstens 20 cm lang. Ihre durchschnittliche Länge beträgt 30–50, nur ausnahmsweise mehr als 60 cm.

Peledmaräne [58] (*Coregonus peled*) *ORDNUNG: LACHSFISCHARTIGE*

Die Peledmaräne gehört zu den größten Maränenarten, sie kann 80 cm lang und 6 kg schwer werden. Sie stammt aus Nordeuropa, wo sie die Unterläufe großer Flüsse bewohnt. Im Osten ist sie bis nach Sibirien verbreitet. In der Mündung der sibirischen Flüsse leben große, „Muksun" genannte Maränen dieser Art, deren Gewicht bis zu 13,8 kg beträgt. Die Peledmaräne ernährt sich von kleinen wirbellosen Tieren, im erwachsenen Zustand auch von kleinen Fischen.

58

59

Gemeiner Hecht [59, 60] (*Esox lucius*) *ORDNUNG: HECHTFISCHE*

Der bekannteste Raubfisch unserer Gewässer ist der Gemeine Hecht. Man erkennt ihn auf den ersten Blick an seinem langen, walzenförmigen Körper und dem Kopf mit den abgeflachten, stark bezahnten Kiefern, die ein wenig an einen Entenschnabel erinnern. Der Unterkiefer steht dabei auffallend vor. Der Hecht bewohnt ruhige Gewässer mit sandigem Grund und verkrauteten Sandbänken. Im Geflecht von Pflanzen und Wurzeln lauert er auf Beute und stürzt sich dann plötzlich auf sie. Der Hecht ist mit Ausnahme der Pyrenäenhalbinsel in ganz Europa sowie in Asien und Nordamerika verbreitet. Er laicht im Frühjahr, das Weibchen legt die Eier an Stängeln und Blättern von Wasserpflanzen ab. Die Weibchen sind größer als die Männchen, sie können eine Länge von 1,5 m erreichen, die Männchen höchstens 1 m.

60

61

Ungarischer Hundsfisch [61] (*Umbra krameri*)

ORDNUNG: HECHTFISCHE

Der Ungarische Hundsfisch ist ein kleines Fischchen, man würde kaum glauben, dass er ein entfernter Verwandter des Hechts ist. Das Männchen wird höchstens 9 cm lang, das Weibchen etwa 13 cm. In Nordamerika lebt der nahe verwandte Nordamerikanische Hundsfisch (*Umbra pygmaea*), der nur wenig größer ist und an einigen Stellen in Frankreich und Deutschland ausgesetzt wurde. Der europäische Hundsfisch lebt in langsam fließenden Gewässern im Stromgebiet der Donau und des Dnjestr, er tritt auch im Plattensee auf. Alle Hundsfische sind imstande, in stark durchwärmten Gewässern mit einem niedrigen Sauerstoffgehalt zu überleben. Sie ernähren sich von Plankton und Wasserinsektenlarven.

Der Stint (*Osmerus eperlanus*)
ist ein kleiner Fisch
aus der Familie der Stinte (*Osmeridae*)
und aus der Ordnung der Lachsfischartigen
(*Salmoniformes*),
der zur Laichzeit
in riesigen Schwärmen
in die Flussmündungen zieht.

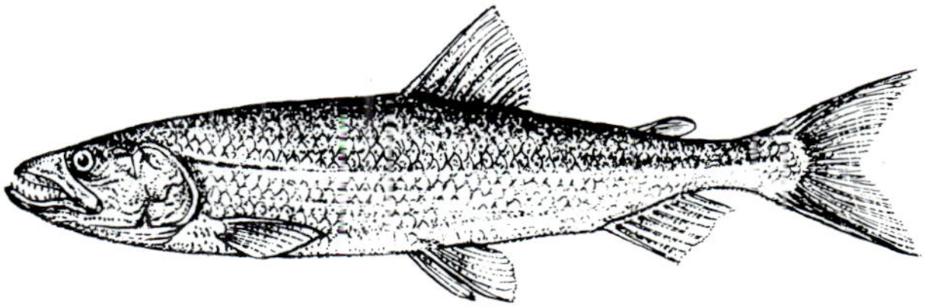

62

Kapitel 6

VOM PIRANHA ZUM KARPFEN

Eine der größten und entwicklungsgeschichtlich erfolgreichsten Fischordnungen sind die Karpfenähnlichen (Cypriniformes). Ihr gehören 3 000 Süßwasserfischarten an, die vor allem die warmen Gewässer der ganzen Welt bewohnen. Die Ordnung lässt sich in drei große Gruppen unterteilen. Die erste von ihnen bilden die sog. Salmler (Characoidei), zu denen die gefürchteten Piranhas gehören und ebenso ihre friedlichen Verwandten, von denen beispielsweise die Tetras den Aquarianern gut bekannt sind. Der zweiten Gruppe gehören die südamerikanischen Elektrischen Aale (Electrophoridae) an, die mit Hilfe von starken Entladungen ihre Beute betäuben. Die größte Familie bilden die Karpfenfische (Cyprinidae), zu denen außer unserem wohlbekannten Karpfen Plötze, Hasel, Moderlieschen, Zope und Hunderte von anderen Arten gehören. Das gemeinsame Merkmal aller Karpfenähnlichen ist der sog. Webersche Apparat. Das ist eine Kette von vier durch Bänder verbundenen kleinen Knochen, die die Schwimmblasenwand mit dem häutigen Labyrinth des Gehörgangs verbinden. Der Apparat funktioniert als Manometer und überträgt Druckschwankungen auf die Sinnesorgane, je nachdem ob der Fisch zur Oberfläche aufsteigt oder auf den Grund sinkt. Die meisten Arten ernähren sich von pflanzlicher Kost und haben keine Zähne. Es gibt jedoch auch Ausnahmen: die bekanntesten sind die fleischfressenden Piranhaarten, deren gefürchtete Zähne Haizähnen kaum nachstehen. Beim Verarbeiten der Nahrung bedienen sich die Karpfenfische einer Hornplatte am Gaumen und der sog. Schlundzähne, die in 1–3 Reihen auf dem Schlundknochen sitzen, der durch Umwandlung des fünften Kiemenbogens entstanden ist. Die Anordnung dieser Schlundzähne stellt ein wichtiges Unterscheidungsmerkmal beim Bestimmen der Karpfenfische dar.

Piranha oder **Natterers Sägesalmler** [62, 63] (*Serrasalmus nattereri*)

ORDNUNG: KARPFENÄHNLICHE

Die Piranhas sind als furchterregende Mörder verrufen, von denen die Gewässer in den tropischen Gebieten Südamerikas wimmeln. Dabei werden sie nicht besonders groß. Die größten Exemplare sind nur wenig über 30 cm lang. Gefährlich sind sie deshalb, weil sie in Schwärmen ungewöhnlich rasch und mit aller Kraft über die Beute herfallen. Mit ihren flachen, dreieckigen, messerscharfen Zähnen reißen sie die Weichteile aus dem Körper heraus, so dass nach einiger Zeit von der Beute nur das abgenagte Skelett übrigbleibt. Die Piranhaschwärme überfallen jedoch nicht jedes Lebewesen, das den Fluss betritt. Zum Opfer fallen ihnen vor allem kranke und verwundete Tiere, beispielsweise Fische, Kaimane und Meerschweinchen. Manchmal bedrohen sie auch badende Menschen. Es scheint, dass sie ähnlich wie Haie auf unregelmäßige Töne und Vibrationen, die sich im Wasser verbreiten sowie auf den Geruch von Blut reagieren.

63

64

Schmucksalmler [64] (*Hyphessobrycon bentosi bentosi*) ORDNUNG: KARPFENÄHNLICHE

Der Schmucksalmler bewohnt das Stromgebiet des Amazonas in seinem mittleren und unteren Teil. In der Natur erreicht er eine Länge von 4–6 cm und wird bis zu fünf Jahre alt. Er gehört zu den friedfertigen, verträglichen Arten. Da er auch schön gefärbt ist, wurde er zu einem beliebten Aquarienfisch. Seine Zucht ist aber nicht einfach, das Wasser darf weder zu weich noch sauer sein. Der Schmucksalmler ist sehr fruchtbar – ein Laichakt kann 600 Junge ergeben. Die Brut ernährt sich nach Beginn des Freischwimmens von Planktonkrebsen und wächst in den ersten Lebenswochen sehr langsam. Sie ist gegen stickstoffhaltige Verbindungen im Wasser empfindlich. In der Fachliteratur wird die Art manchmal unter dem Namen *H. bentosi* event. *H. rosaceus* angeführt. Foto 64 zeigt ein Paar, das Männchen ist oben.

Perez-Salmler/Kirschflecksalmler [65] (*Hyphessobrycon erythostigma*) ORDNUNG: KARPFENÄHNLICHE

Dieser Kirschflecksalmler ist ein prächtig gefärbter Fisch, der aus dem Oberlauf des Amazonas stammt. Er erreicht eine Länge von 9–12 cm. Die Männchen tragen auffallend vergrößerte Flossen, die ihnen zum Imponieren und zur Einschüchterung von Nebenbuhlern dienen. Sowohl das Männchen als auch das Weibchen besitzt eine kleine Fettflosse. Auch gegen andere Arten verhält sich der Kirschflecksalmler friedfertig und ist deshalb bei Aquarianern sehr beliebt. Er ernährt sich von kleinen wirbellosen Tieren, vor allem Planktonkrebsen und Insekten. Im Aquarium laicht er nicht gerade bereitwillig und kann nur selten gezüchtet werden. Oft wird er mit dem Kleinen Kirschflecksalmler (*Hyphessobrycon socolofi*) verwechselt.

65

Kleiner Kirschflecksalmler [66] (*Hyphessobrycon socolofi*)

ORDNUNG: KARPFENÄHNLICHE

66

Dieser Kirschflecksalmler stammt aus Südamerika, aus dem Rio Negro und wurde erst 1977 wissenschaftlich beschrieben. Er gehört zu den kleineren Arten und wird höchstens 6 cm lang. In der Jugend ähnelt er dem Fahnenkirschflecksalmler und beide Arten werden oft miteinander verwechselt. Das Ablaichen erfolgt bei 25°C in einem Geflecht von Wasserpflanzen. Die Jungen beginnen 5 Tage nach dem Schlüpfen ihre Schwimmblase zu füllen und frei zu schwimmen. Die Nahrung der erwachsenen Exemplare besteht aus Zooplankton, die Brut ernährt sich meist von Larven von Planktonkrebsen. Die Zuchterfolge sind auch bei dieser Art sehr gering.

Blauer Neon [67] (*Hyphessobrycon simulans*)

ORDNUNG: KARPFENÄHNLICHE

67

Der Blaue Neon stammt aus dem Rio Jufari, einem der Zuflüsse des Rio Negro. Er ist ein kleiner, lebhafter Fisch, der in der Natur höchstens 2 cm lang wird. Er lebt in großen Schwärmen. Zwischen der Rücken- und Schwanzflosse befindet sich eine kleine Fettflosse. Die Färbung der Art erinnert an die des Neontetra (*Paracheirodon innesi*), ist aber weniger satt und bunt. Die Weibchen sind größer als die Männchen. Da die Fische nicht besonders auffällig gefärbt sind und es nicht einfach ist, sie im Aquarium zu halten, findet man sie dort nicht allzu häufig.

Obwohl diese Art ständig nach Europa eingeführt wird, hat sie sich bisher noch nicht ausreichend an die Bedingungen in Gefangenschaft angepasst.

Schlanksalmler [68] (*Chalceus macrolepidotus*)

ORDNUNG: KARPFENÄHNLICHE

68

Der Schlanksalmler ist einer der größten Vertreter aus der Familie der Salmler. Er erreicht eine Länge von 35 cm, wächst aber verhältnismäßig langsam. Beheimatet ist er in den Flüssen Guyanas, Venezuelas und Kolumbiens. Er lebt in Schwärmen und hält sich gern an der Wasseroberfläche auf. Er ist ein sehr guter Springer, so dass er auch leicht aus dem Aquarium springen kann. Die Art lebt räuberisch. In Gefangenschaft benötigt sie ein großes Becken, das am Rand mit Wasserpflanzen bewachsen ist.

69

Kongosalmler [69] (*Phenacogrammus interruptus*) *ORDNUNG: KARPFENÄHNLICHE*

Der Kongosalmler ist ein anmutiges, grünschillerndes Fischchen, das aus dem Stromgebiet des Kongo stammt. Das Weibchen ist kleiner, das Männchen erreicht eine Länge von etwa 8 cm. Von den anderen Salmlern lässt er sich durch die interessant geformte Schwanzflosse der Männchen verlässlich unterscheiden. Die mittleren Flossenstrahlen sind verlängert, so dass manchmal ein verhältnismäßig langes, an einen Schweif erinnerndes Gebilde entsteht. Bei den Weibchen ist diese Zierflosse nur schwach angedeutet.

Kaisertetra [70] (*Nematobrycon palmeri*) *ORDNUNG: KARPFENÄHNLICHE*

Der Kaisertetra ist in den tropischen Flüssen Kolumbiens beheimatet. Er wird etwa 6 cm lang und zeichnet sich durch sein schönes Farbkleid aus. Die Seiten der erwachsenen Fische sind stahlblau und kontrastieren mit den smaragdgrünen Augen. Die Schwanzflosse weist in der Mitte einen schwarzen Streifen auf. Bei den Männchen sind die Flossenstrahlen an dieser Stelle verlängert. Charakteristisch für den Kaisertetra ist es, dass er mit schräg nach unten gerichtetem Kopf schwimmt.

70

71

Laternen- oder **Leuchtfleckensalmler** [71] (*Hemigrammus ocellifer*)

ORDNUNG: KARPFENÄHNLICHE

Der Laternen- oder Leuchtfleckensalmler bewohnt das Stromgebiet des Amazonas und Guyana. Er ist ein lebhafter, 4–5 cm langer, in Schwärmen lebender Fisch. Die Weibchen sind größer als die Männchen. Die Zoologen teilen diese Art in zwei Unterarten ein; *Hemigrammus o. falsus* wird als unechter Leuchtfleckensalmler bezeichnet. Wegen seiner schönen Färbung und relativen Anspruchslosigkeit wird der Leuchtfleckensalmler häufig in Aquarien gehalten. Er ist ein Allesfresser und ernährt sich von Insekten und Blättern der Wasserpflanzen.

Blinder Höhlensalmler [72] (*Anoptichthys jordani*)

ORDNUNG: KARPFENÄHNLICHE

Der Blinde Höhlensalmler ist ein kleiner Fisch, der in Höhlen in der Nähe von San Luis Potosi in Mexiko lebt. Dieser seltsame Fisch hat sich aus der Unterart *Astyanax*

72

fasciatus mexicanus entwickelt, die in oberflächlichen Gewässern häufig auftritt. Da er ständig im Dunkeln lebt, ist sein Sehvermögen allmählich verkümmert und die Augen sind von einem Fettkörper und Haut überdeckt. Es ist interessant, dass die Brut nach dem Schlüpfen noch normale Augen hat, die aber in der zweiten Lebenswoche verkümmern und durch Bindegewebe auf den Grund der Augenhöhle abgedrängt werden. Der Blinde Höhlensalmler wird bis zu 12 cm lang. In Aquarien hält man ihn als Kuriosität.

Glassalmler (Glasrotflosser) [73] (*Prionobrana filigera*) ORDNUNG: KARPFENÄHNLICHE

Der Glassalmler ist im ganzen Stromgebiet des Amazonas, in den Flüssen Mamoré, Madeira, Guaporé, Beni und im Roguaga-See verbreitet. Er ist ein lebhafter, verträglicher Fisch, der sich in den mittleren Wasserschichten und am Boden aufhält. Er wird 6,5 cm lang. Die After- und Rückenflosse weisen zwei parallele Streifen auf, einen schwarzen und einen weißen. Der erste Flossenstrahl ist auffallend faserähnlich verlängert.

73

74

Roter Phantomsalmler [74] (*Megalamphodus sweglesi*) ORDNUNG: KARPFENÄHNLICHE

Diese Art wurde erst 1961 entdeckt und vom französischen Ichthyologen J. Géry beschrieben. Der Fisch ist überwiegend orangerot gefärbt. Im Unterschied zum verwandten Schwarzen Phantomsalmler (*Megalamphodus megalopterus*) sind die Rücken- und Afterflossen der Männchen nur mäßig vergrößert.

Gebänderter Kopfsteher [75] (*Leporinus fasciatus*) ORDNUNG: KARPFENÄHNLICHE

Der Gebänderte Kopfsteher bewohnt das Stromgebiet des Amazonas und Orinoco. Er kommt auch in Guyana und Surinam vor. Er lebt in Schwärmen, die sich in Bodennähe

75

aufhalten. Seine Länge beträgt 18 cm. Seine Nahrung besteht vorwiegend aus pflanzlicher Kost, Wasserinsekten und ihren Larven. Er schwimmt mit etwas schräg hinabgebeugtem Körper.

Marmorierter Beilbauchfisch [76] (*Carnegiella strigata*) *ORDNUNG: KARPFENÄHNLICHE*

Im Stromgebiet des Amazonas und in Guayana lebt in kleinen Waldbächen einer der kleinsten Beilbäuche – der Marmorierte Beilbauchfisch. Er wird höchstens 45 cm lang. Wie alle Beilbauchfische weist er einen besonderen Körperbau auf. Die Rückenlinie ist gerade, der Bauch ist jedoch stark vorgewölbt, so dass der Körper dem Beil eines Fleischers oder Zimmermanns ähnelt. Die Beilbauchfische (Gasteropelecidae) sind die einzigen Fische, die durch eine rasche Bewegung der Brustflossen zu aktivem „Flug“ befähigt sind, wenn sie aus dem Wasser hervorspringen.

76

Dreibindenziersalmler [77] (*Nannostomus trifasciatus*) *ORDNUNG: KARPFENÄHNLICHE*

Der Dreibindenziersalmler tritt im mittleren Lauf des Amazonas und Rio Negro auf. Er wird höchstens 6 cm lang. Das ungemein lebhafte Fischchen hält sich in Schwärmen unweit der Wasseroberfläche auf. Die Männchen legen häufig Imponiergehabe an den Tag, indem sie Flankenstellung einnehmen und einander drohen. Sie beißen sich

77

jedoch niemals. Das Weibchen ist dicker, das Männchen ist schlanker und bunter gefärbt. Für die Haltung im Aquarium ist der Ziersalmler ziemlich empfindlich.

Zitteraal [78] (*Electrophorus electricus*) ORDNUNG: KARPFENÄHNLICHE

78

Im Stromgebiet des Orinoco und Amazonas sowie in Guyana lebt in Tümpeln kleinerer Flüsse und Bäche der Zitteraal. Seine Körperform ist der anderer karpfenähnlicher Fische überhaupt nicht ähnlich, man könnte ihn leicht fälschlicherweise für einen Aal halten. Er erreicht eine Länge von 2,5 m und kann in besonderen Organen, die durch Umwandlung von Muskelfasern entstanden sind, Elektrizität erzeugen. Er kann eine Spannung von bis zu 800 Volt erzeugen, und die Entladung kann ein Tier von der Größe eines Pferdes betäuben; dann ertrinkt das Tier.

Die Besonderheit des Zitteraales ist es, dass er nicht nur mit den Kiemen atmet, sondern dass er den Sauerstoff aus der Luft ins Blut auch über Schleimhäute aufsaugt, die den Gaumen auslegen. Im Notfall muss der Zitteraal alle 15 Minuten zum Wasserspiegel aufsteigen und einatmen. Die Zitteraale sind meist in der Abenddämmerung und nachtaktiv.

Plötze oder **Rotauge** [79] (*Rutilus rutilus*) ORDNUNG: KARPFENÄHNLICHE

Die Plötze ist einer der meistverbreiteten karpfenähnlichen Fische. Zusammen mit Rotfeder, Ukelei, Hasel und anderen silberglänzenden Fischen gehört sie zu den „Weißfischen“, wie sie im Volksmund fälschlich genannt werden. Die Plötze bewohnt die Unterläufe von Flüssen, Seen, Teichen und Stauseen in ganz Europa mit Ausnahme der Pyrenäen- und Balkanhalbinsel. Im Osten reicht ihr Verbreitungsgebiet bis zum Ural und nach Sibirien. Die größten Exemplare können eine Länge von 50 cm und ein Gewicht von 1,5 kg erreichen. Die Plötze laicht im Frühjahr und ist ungemein fruchtbar. Die Weibchen der Wanderformen können bis zu 200 000 Eier produzieren.

Frauennerfling [80] (*Rutilus pigus virgo*) ORDNUNG: KARPFENÄHNLICHE

Diese heute schon seltene Unterart lebt nur in der Donau und einigen ihrer Zuflüsse. Von der Plötze unterscheidet sie sich u.a. durch den metallisch glänzenden blauen oder

79

grünlichen Anflug an den Seiten und den gestreckteren, schlanken Körper. Der Frauennerfling hält sich in größeren Tiefen in Bodennähe auf. Nur zur Laichzeit von April bis Mai kann man ihn in Ufernähe antreffen. Sowohl das Männchen als auch das Weibchen sind in dieser Zeit prächtig gefärbt, das Männchen weist einen „Laichausschlag“ in Form von weißen, hornigen Auswüchsen an Kopf und Körper auf.

80

81

Rotfeder [81] (*Scardinius erythrophthalmus*) ORDNUNG: KARPFENÄHNLICHE

Die Rotfeder ist der Plötze (*Rutilus rutilus*) auf den ersten Blick auffallend ähnlich. Das wichtigste Unterscheidungsmerkmal liefert die Rückenflosse, die weiter nach hinten gerückt ist als bei der Plötze. Ihre Basis beginnt hinter einer imaginären Verbindungslinie mit der Basis der Bauchflossen. Auch die Augen sind unterschiedlich

82

gefärbt; die Plötze hat rote Augen, die Rotfeder gelbe bis goldfarbene. Freilich ist es sehr schwer, die Rotfeder von der Plötze zu unterscheiden, wenn es sich um Bastarde beider Arten handelt. Die Rotfeder schließt sich zu großen Schwärmen zusammen und hält sich mit Vorliebe in der Nähe der Wasseroberfläche auf Sandbänken im Unterlauf der Flüsse auf. Sie wird 20–30, in seltenen Fällen bis 45 cm lang.

Orfe [82] (*Leuciscus idus*) *ORDNUNG: KARPFENÄHNLICHE*

Die Orfe bewohnt die mittleren Abschnitte aller größeren europäischen Flüsse, aber auch Seen. Sie ist vom Stromgebiet des Rheins und dem nördlichen Alpenvorland bis zum Ural verbreitet. Auf der Pyrenäen- und Apenninenhalbinsel kommt sie nicht vor. Sie erreicht eine Länge von 30–60, ausnahmsweise 80 cm und ein Gewicht von mehr als 4 kg. Orfen schließen sich zu Schwärmen zusammen und überdauern den Winter am Grund tiefer Tümpel. Sie laichen im Frühjahr, die Laichplätze befinden sich gewöhnlich im Oberlauf der Flüsse. Die Jungen wandern bald nach dem Schlüpfen stromabwärts in das ruhige Wasser im Unterlauf des Flusses. Die Orfe ernährt sich von Plankton, Insekten und anderen kleinen Lebewesen. In den Zierteichen von Parks wird sehr häufig eine orangenfarbene Mutation, die Goldorfe gehalten.

Hasel [83] (*Leuciscus leuciscus*) *ORDNUNG: KARPFENÄHNLICHE*

Im Vergleich mit der Orfe besitzt der Hasel einen viel schlankeren, walzenförmigen Körper. Er bewohnt rasch fließende Bäche und kleine Flüsse mit sandigem oder kiesigem Grund in Vorgebirgsgegenden in ganz Europa mit Ausnahme der Pyrenäen- und Apenninenhalbinsel. Er tritt in Schwärmen in den oberen und mittleren Wasserschichten auf. Der Hasel ist ungemein lebhaft und gilt als der beste Schwimmer unter den Karpfenfischen. Die Männchen weisen in der Laichzeit weiße, verhornte Auswüchse am Körper auf, den sog. Laichausschlag. Der Hasel wird im dritten Lebensjahr geschlechtsreif. Er erreicht eine Länge von 15–20 cm.

83

84

Döbel oder **Rohrkarpfen** [84] (*Leuciscus cephalus*) ORDNUNG: KARPFENÄHNLICHE

Von allen Arten der Gattung *Leuciscus* macht der Döbel den robustesten Eindruck. Er besitzt einen walzenförmigen Körper mit einem mächtigen, breiten Kopf und einem breiten Maul. Man kann ihm in europäischen Fließgewässern von der Pyrenäenhalbinsel bis zum Ural und Vorderasien begegnen. Er tritt von der unteren Grenze der Forellenregion bis zum Unterlauf der großen Ströme auf. In Seen ist er kein sehr häufiger Gast. Dieser stattliche Fisch erreicht eine Länge von 30–45, manchmal

85

sogar 80 cm. Er lebt gesellig in Schwärmen, nur alte Exemplare sind Einzelgänger. Der Döbel laicht von April bis Mai. Die Männchen werden am Ende des dritten Lebensjahres geschlechtsreif, die Weibchen ein Jahr später.

Strömer [85] (*Leuciscus souffia agassizi*) *ORDNUNG: KARPFENÄHNLICHE*

Der Strömer wird mit Recht als schönste Art der Gattung *Leuciscus* betrachtet. Der Rücken des schlanken, walzenförmigen Körpers ist dunkelbraun gefärbt und mit einem stahlblauen Anhauch überzogen. Über der Seitenlinie erscheint bei den Männchen zur Laichzeit ein violett schimmernder Längsstreifen. Der Strömer tritt im oberen und mittleren Lauf der Donau und des Rheins auf, seltener ist er in Seen (z.B. im Bodensee) anzutreffen. Er ist nicht besonders groß, seine übliche Länge beträgt 12–17 cm, die größten Exemplare werden höchstens 25 cm lang. Der Strömer ist eine verhältnismäßig wenig bekannte Unterart. Er hält sich am Grund auf Schotteranschwemmungen auf und ernährt sich von kleinen Bodentieren.

Moderlieschen [86] (*Leucaspius delineatus*) *ORDNUNG: KARPFENÄHNLICHE*

Einer der kleinsten karpfenähnlichen Fische ist das Moderlieschen. Im allgemeinen erreicht es eine Länge von 6–9 cm, die Weibchen sind etwas größer und können 12 cm lang werden. Das Moderlieschen bewohnt stehende oder langsam fließende Gewässer vom Stromgebiet des Rheins und der Donau bis hin zum Ural und dem Kaspischen Meer. Der Rücken des Fisches ist bräunlich bis olivbraun, die Seiten schimmern silbrig, der Bauch ist weiß. Das Moderlieschen ist ein anspruchsloser Fisch, der in Schwärmen auf Sandbänken an Ufern mit dichten Beständen von Wasserpflanzen lebt. Das Weibchen legt den Rogen mit Hilfe einer kurzen Legeröhre in spiralig gewundenen Bändern auf Pflanzen ab. Die Männchen bewachen das Gelege bis zum Schlüpfen der Brut.

86

87

Elritze [87, 88] (*Phoxinus phoxinus*) *ORDNUNG: KARPFENÄHNLICHE*

Die anmutige Elritze lebt in klaren, sauerstoffreichen Bächen, Flüsschen und Seen mit sandigem oder steinigem Grund. In Europa ist sie von Nordspanien und Großbritannien (in Schottland fehlt sie) bis zum Ural verbreitet. Sie erreicht eine Länge von 7–10 cm. Die Fische schließen sich zu großen Schwärmen zusammen, die sich nahe an der Oberfläche aufhalten. Sie laichen von April bis Juni und die Männchen sind in dieser Zeit prächtig gefärbt; am auffälligsten sind der karminrote Bauch und ein Streifen goldglänzender Schuppen über der Seitenlinie. Die Nahrung der Elritze

88

89

besteht aus kleinen Bodentieren und Anfluginsekten. Die Elritzen dienen ihrerseits den Lachsfischen als wichtige Nahrung.

Sumpfelritze [89] (*Phoxinus percnurus*) *ORDNUNG: KARPFENÄHNLICHE*

Eine nahe Verwandte der Elritze (*Phoxinus phoxinus*) ist die Sumpfelritze. Ihr Verbreitungsgebiet reicht vom östlichen Teil Mitteleuropas über Nordrussland bis nach Sibirien. Sie erreicht ungefähr die gleiche Länge wie die Elritze, ist aber nicht so bunt gefärbt. Die Sumpfelritze ist sehr widerstandsfähig und kann auch in kleinen Tümpeln bei ständigem Sauerstoffmangel leben. Sie laicht zu Beginn des Sommers. Das Weibchen legt den klebrigen Rogen auf Wasserpflanzen ab. Nach dem Schlüpfen halten sich die Larven noch einige Tage mit Hilfe einer klebrigen Stelle am Kopf an den Stängeln und Blättern fest. Die Sumpfelritze ernährt sich hauptsächlich von kleinen Krebsen, Weichtieren und Insekten.

Die Tschekanowski-Elritze (*Phoxinus czekanowskii*) ist ein kleiner Fisch, der in Osteuropa und Nordasien lebt.

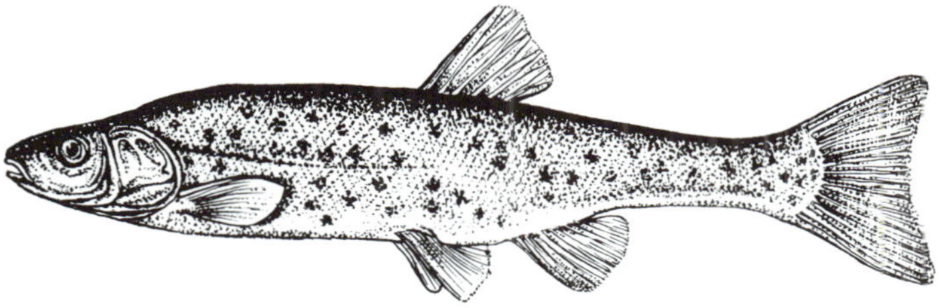

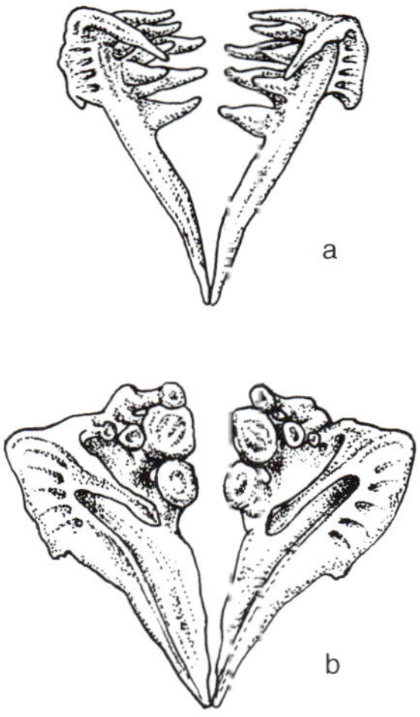

Knochen mit Schlundzähnen:
a) Rapfen (*Aspius aspius*),
b) Karpfen (*Cyprinus carpio*).

90

Rapfen oder **Rotschiedel** [90] (*Aspius aspius*) ORDNUNG: KARPFENÄHNLICHE

In der Körperform erinnert er an einen großen Ukelei (*Alburnus alburnus*), aber sein breiter Mund mit harten zahnlosen Lippen und der vorstehende Unterkiefer weisen auf einen Raubfisch hin. Der Rapfen bewoht fließende Gewässer, große Seen und

91

Buchten von Mitteleuropa bis zum Ural, dem Kaspischen Meer und Südskandinavien. Die Jungfische leben in kleinen Schwärmen, mit zunehmendem Alter beginnen sie sich selbstständig zu machen, erwachsene Fische sind Einzelgänger. Die Rapfen werden erst im Alter von 4–5 Jahren geschlechtsreif. Sie machen Jagd auf Fische, Frösche, kleine Säugetiere und sogar auf manche Wasservogelarten.

Schleie [91] (*Tinca tinca*) — *ORDNUNG: KARPFENÄHNLICHE*

Die Schleie hat einen gedrungenen, robusten Körper mit einer breiten Rückenflosse. Sie erreicht eine Länge von 20–60 cm und ein Gewicht von 7,5 kg. In den Mundwinkeln befindet sich ein Paar kurzer Barteln. Die kleinen Schuppen stecken tief in der schleimigen Haut. Das Männchen besitzt große Bauchflossen. Die Schleie ist ein typischer Bewohner von langsam fließenden oder stehenden, von Wasserpflanzen bewachsenen Gewässern mit schlammigem Grund. Sie kommt praktisch in ganz Europa mit Ausnahme von Schottland und Nordskandinavien vor, ihr Verbreitungsgebiet reicht bis nach Sibirien. Der wachsame Fisch verbirgt sich tagsüber am Boden und wird erst bei Anbruch der Dämmerung lebendig. Da die Schleie Wasser mit einem niedrigen Sauerstoffgehalt gut verträgt und vorzügliches Fleisch liefert, wird sie häufig als hochgeschätzter Nutzfisch in Teichen gezüchtet.

Nase oder **Quermaul** [92] (*Chondrostoma nasus*) — *ORDNUNG: KARPFENÄHNLICHE*

Die Nase ist der verbreitetste europäische Vertreter der Gattung *Chondrostoma*. Sie besitzt einen quergestellten Mund, der von scharfen, hornigen Lippen umgeben ist. Sie bewohnt die Äschenregion größerer und kleinerer Flüsse von Nordfrankreich bis zum Kaspischen Meer. Südlich der Alpen tritt sie nicht auf. Die Nase lebt in Schwärmen und hält sich auf Schotteranschwemmungen am Grund auf. Den Winter verbringt sie in tiefen Tümpeln. Sie laicht im Frühjahr, Männchen und Weibchen weisen einen Laichausschlag am Körper auf. Der Rogen ist klebrig und wird von den Weibchen auf Steinen abgelegt. Als Nahrung dienen Blau- und Grünalgenüberzüge auf den Steinen sowie kleine Tiere. Der Fisch erreicht eine Länge von 25–40, selten 50 cm.

92

93
94

Zährte [93] (*Vimba vimba*)

ORDNUNG: KARPFENÄHNLICHE

Auffallende Merkmale der Zährte sind die langgestreckte, fleischige Schnauze, die einer Nase ähnelt und der hufeisenförmige, von fleischigen Lippen umgebene Mund. Die Art gehört zu den kleineren Karpfenfischen, sie ist 20–35, ausnahmsweise 50 cm lang und 3 kg schwer. Im Frühjahr, zur Laichzeit, weisen die Männchen ein auffälliges „Hochzeitskleid" auf. Der Rücken ist graublau, die Seiten silbrig, Bauch, Kehle und Lippen sind satt orangenfarben bis rot. Die Zährte lebt in langsam fließenden Gewässern und Seen in den Niederungen von Mittel- und Osteuropa. Sie ist ein scheuer, gesellig lebender Fisch. Im Sommer findet man sie auf Sandbänken in Ufernähe. Manche Formen sind Wanderfische. Ihre Nahrung bilden vor allem Insektenlarven und kleine Bodentiere.

Ziege [94] (*Pelecus cultratus*)

ORDNUNG: KARPFENÄHNLICHE

Die Ziege ist heute ein ziemlich seltener Fisch. Früher bewohnte sie langsam fließende Gewässer im Einzugsgebiet der Ostsee und der südrussischen Seen und Meere. Im Stromgebiet der Donau wanderte sie bis Passau, sie trat auch in der March (linker Nebenfluss der Donau in der Slowakei) auf. Ihr Körper ist langgestreckt und stark abgeflacht, das Maul ist schräg nach oben gerichtet. Ein typisches Merkmal ist die auffallend krumme Seitenlinie. Die Länge der Ziege beträgt 25–35, in seltenen Fällen bis 60 cm. Sie lebt in Schwärmen, vorwiegend in Bodennähe und ernährt sich vor allem von Weichtieren, Insekten und der Brut anderer Fischarten.

Gründling [95] (*Gobio gobio*)

ORDNUNG: KARPFENÄHNLICHE

Der Gründling ist der meistverbreitete Vertreter der Gattung *Gobio*. Man kann ihm in reinen, schnell fließenden Gewässern der Forellen- und Äschenregion und in der Uferzone von Seen mit steinigem oder sandigem Grund begegnen. Er kommt in ganz West-, Mittel- und Osteuropa bis zum Ural vor. Seine Länge beträgt in der Regel 8—14, selten bis zu 20 cm. Die Fische schließen sich zu kleinen Schwärmen zusammen. Den Sommer verbringen sie über Sandbänken an den Ufern, den Winter überdauern sie in tiefen Tümpeln. Die Laichzeit fällt in den Frühling. Die Männchen weisen in dieser Zeit einen rauhen Laichausschlag am Kopf und am Vorderkörper auf. Die Hauptnahrung des Gründlings bilden Krebse, Würmer, Insektenlarven, gelegentlich auch Fischbrut.

95

Sandgreßling [96] (*Gobio kessleri*)

ORDNUNG: KARPFENÄHNLICHE

96

Diese Art ist ebenso groß wie der Gründling *(Gobio gobio)*, tritt jedoch bei weitem nicht so häufig auf. Sie lebt in schnell fließenden Gewässern der Forellen- und Äschenregion, in den Zuflüssen des mittleren und unteren Laufes der Donau (Slowakei, in seltenen Fällen auch Mähren, Bulgarien, Rumänien, Moldawien) im Dnjestr und seinen Zuflüssen und im Oberlauf der Weichsel in Polen. Sie tritt in Schwärmen an steinigen, seichten Stellen auf. Die Fische laichen im Frühling. In dieser Zeit weisen die Männchen einen leichten Laichausschlag auf. Als Nahrung dienen ihnen Algenüberzüge auf Steinen mit den kleinen darin auftretenden Wirbeltieren.

Steingreßling [97] (*Gobio uranoscopus*)

ORDNUNG: KARPFENÄHNLICHE

97

Der Steingreßling ist den beiden vorhergehenden Arten ähnlich, trägt aber viel längere Barteln in den Mundwinkeln. Die Art tritt nur im Stromgebiet der Donau in rasch fließenden Gewässern der Forellen- und Äschenregion auf, vor allem an steinigen, seichten Stellen. Die Fische schließen sich zu kleinen Schwärmen zusammen, die am Grund leben. Zur Laichzeit vereinigen sie sich zu großen Schwärmen, die flussaufwärts zu den Laichplätzen wandern. Die Männchen weisen in dieser Zeit einen starken Laichausschlag auf. Die Weibchen legen den Rogen auf Steinen, manchmal auch auf Wasserpflanzen ab. Als Nahrung dienen kleine Lebewesen.

98

Flachlandgründling [98] (*Gobio albipinnatus*) ORDNUNG: KARPFENÄHNLICHE

Diese Art ist mit dem Sandgreßling *(Gobio kessleri)* nahe verwandt. Im Unterschied zu anderen Arten der Gattung *Gobio* weist sie keine Flecken auf der Rückenflosse auf. Der Flachlandgründling bewohnt den mittleren und unteren Lauf großer Flüsse mit ruhigen breiten Windungen und Sandbänken entlang den Ufern. Er lebt in der Donau und im Stromgebiet der Wolga, im Dnjestr und Bug. Im Süden reicht sein Verbreitungsgebiet bis nach Nordgriechenland. Er kommt auch im mittleren und unteren Lauf der Donau bis Bratislava vor. In der March und der Thaya lebt die Unterart *G. a. vladykovi* (Wladykow-Weißflossengründling). Der Fisch erreicht eine Länge von 8–10, ausnahmsweise 13 cm. Er lebt gesellig in kleinen Schwärmen am Grund und laicht am Ende des Frühjahrs auf sandigen Anschwemmungen. Voll ausgewachsene Weibchen können bis zu 10 000 Eier ablegen. Als Nahrung dienen kleine Bodentiere, Insekten und ihre Larven und auch Algen. So wie die meisten Arten der Gattung *Gobio* gehört der Flachlandgründling zu den kurzlebigen Fischen, die gewöhnlich 2–3, in seltenen Fällen bis zu 5 Jahren alt werden.

99

(Fluss-)Barbe [99, 100] (*Barbus barbus*)

ORDNUNG: KARPFENÄHNLICHE

Die Barbe ist ein wichtiger Karpfenfisch. Sie bewohnt bestimmte Abschnitte sauerstoffreicher Gewässer mit sandigem und steinigem Grund, die nach diesem Fisch als Barbenregion bezeichnet werden. Sie ist von Südwestengland über Südfrankreich, nördlich der Alpen bis zum Schwarzen Meer verbreitet. In Irland, Schottland, Dänemark, Südskandinavien und auf der Pyrenäenhalbinsel fehlt sie. Die Fische vereinigen sich zu Schwärmen, die sich im starken Strom in Bodennähe aufhalten. Die Barbe wird 30–50 cm, in seltenen Fällen bis zu 1 m lang. Sie ist sehr hübsch gefärbt, der Rücken ist graubraun, die Seiten glänzen golden, die Flossen sind rötlich. Auffallend ist das Maul mit den fleischigen Lippen und die rüsselförmig verlängerte Schnauze. Auf der Oberlippe befinden sich zwei Paar voneinander getrennte Barteln. Das Laichen erfolgt im Frühjahr auf Sandbänken und Schotteranschwemmungen. Die Männchen zeigen zu dieser Zeit einen auffälligen Laichausschlag und große orangenfarbene Brustflossen. Der Fisch ernährt sich vor

100

101

allem von Köcher- und Eintagsfliegenlarven, Weichtieren, Fischbrut und in geringerem Maße auch von Grünalgen.

Semling [101] (*Barbus meridionalis patenyi*) ORDNUNG: KARPFENÄHNLICHE

Diese mit der Barbe *(Barbus barbus)* nahe verwandte Art lebt weiter südlich im Mittelmeergebiet. Sie ist etwas kleiner, gewöhnlich erreicht sie eine Länge von 20–30 cm, die größten Exemplare werden bis zu 40 cm lang. Ihre Färbung ist weniger auffällig als die der Barbe. An den hellgelb gefärbten Seiten befinden sich große, unregelmäßige, dunkle Flecken. Der weiße Bauch nimmt zur Laichzeit einen rosa Schimmer an. Das Verbreitungsgebiet des Semlings reicht von der nördlichen Pyrenäenhalbinsel über das Stromgebiet der Rhône in Südfrankreich, Nord- und Mittelitalien, den mittleren und unteren Lauf der Donau, den Oberlauf der Oder und Weichsel bis zum Dnjepr. Die Fische leben in Schwärmen, die sich in rasch fließenden Gewässern mit festem Grund in Bodennähe aufhalten. Sie laichen von Mai bis Juni, die Laichgründe befinden sich größtenteils auf Sand- und Schotteranschwemmungen. Die Hauptnahrung bilden kleine Bodentiere, also Würmer, Insektenlarven, Weichtiere aber auch Fischbrut. Die Jungfische ernähren sich anfangs von Algen und anderen Wasserpflanzen. Ähnlich wie die Barbe ist der Semling gegen Verunreinigung des Wassers empfindlich, seine Zahl geht daher zum großen Bedauern der Sportfischer in allen europäischen Gewässern zurück.

102

Ukelei oder **Laube** [102] *(Alburnus alburnus)* ORDNUNG: KARPFENÄHNLICHE

Der Ukelei ist ein kleiner Karpfenfisch mit abgeflachtem Körper. Seine Länge beträgt 12–15, selten mehr als 20 cm. Er bewohnt langsam fließende europäische Flüsse, Seen und Teiche nördlich der Pyrenäen und Alpen von Frankreich bis zum Ural und West-

103

104

Transkaukasien und kommt auch in England und Südskandinavien vor. Die Fische halten sich in Schwärmen an ruhigen Stellen und auf Sandbänken auf. Sie ernähren sich von Plankton und Insekten und stellen ihrerseits Nahrung der Raubfische dar.

Schneider oder **Gestreifte Laube** [103] *(Alburnoides bipunctatus)*

ORDNUNG: KARPFENÄHNLICHE

Der Schneider hat einen höheren und untersetzteren Körper als der Ukelei *(Alburnus alburnus)* und weist auch eine andere Färbung auf. Er hat einen blau- bis olivgrün gefärbten Rücken, hellere Seiten, einen silbern glänzenden Bauch und rötliche Flossen. Der Seitenlinie entlang verlaufen zwei dunkel getupfte Bänder. Der Fisch wird 9–13, maximal 15 cm lang. Er lebt in klaren, rasch fließenden Gewässern nördlich der Pyrenäen und Alpen von Frankreich und dem Stromgebiet des Rheins bis zur Donau und zum Ural. Seine Schwärme halten sich in der starken Strömung am Boden auf. Er ernährt sich vor allem von Plankton und Köcherfliegenlarven.

Güster [104] *(Blicca bjoerkna)*

ORDNUNG: KARPFENÄHNLICHE

Die Güster gehört zu den kleineren Brachsenarten. Sie erreicht eine Länge von 20–30, in nahrungsreichen Gewässern bis zu 35 cm. Ihr Gewicht beträgt etwa 1,5 kg. Wie alle Brachsen weist sie einen hockrückigen, seitlich abgeflachten Körper auf. Ein typisches Merkmal sind die verhältnismäßig großen Augen. In den Niederungen ist sie in allen Seen und Stauseen anzutreffen und ebenso im Unterlauf der großen europäischen Ströme. Ihr Verbreitungsgebiet reicht von den Pyrenäen und Alpen über Frankreich bis zum Ural, den Zuflüssen des Schwarzen und Asowschen Meeres sowie der Umgebung des Kaspischen Meeres. Sie tritt auch in England und Südskandinavien auf. Die Güster hält sich in der Vegetation der Uferzone auf, häufig in Gesellschaft von Brachsen *(Abramis brama)*. Sie ernährt sich von kleinen Tieren und Pflanzenteilen.

105

106

Brachse oder **Blei** [105] *(Abramis brama)*

ORDNUNG: KARPFENÄHNLICHE

Der Brachse ist die größte europäische Art der Gattung *Abramis* und hat auch die größte wirtschaftliche Bedeutung. Er erreicht eine Länge von 30–75 cm und tritt hauptsächlich im langsam fließenden Unterlauf der Flüsse in der sog. Brachsenregion auf. Er bewohnt auch nahrungsreiche Seen und Stauseen. Sein Verbreitungsgebiet umfasst ganz West-, Mittel- und Südeuropa einschließlich Südskandinavien und reicht bis zum Ural. Er ist auch auf den britischen Inseln zu finden, fehlt jedoch auf der Pyrenäenhalbinsel. Die Fische laichen im Frühjahr auf dicht bewachsenen Sandbänken. Die Weibchen legen die Eier an den Stängeln und Blättern der Pflanzen ab. Die Jungfische leben in kleinen Schwärmen in Ufernähe, die erwachsenen Fische ziehen größere Tiefen vor. Sie ernähren sich von Plankton und kleinen Tieren.

Zobel [106] *(Abramis sapa)*

ORDNUNG: KARPFENÄHNLICHE

Wegen seiner prächtigen silbrigen Färbung mit markantem Perlmutterglanz betrachten die Fischer den Zobel als schönste Art der Gattung *Abramis*. Er wird gewöhnlich 20–30 cm lang, die größten Exemplare erreichen eine Länge von 35 cm. Er bewoht Flüsse und Seen von der Donau bis zum Ural und zum Kaspischen Meer. Am stärksten ist er in Russland verbreitet. In Südrussland leben Wanderformen, im Sommer halten sie sich in den Flussmündungen in Brackwasser auf, für den Winter ziehen sie in den Unterlauf der Flüsse. Der Zobel lebt gesellig in Schwärmen nahe am Grund. Er laicht im Frühjahr in dichten Beständen von Wasserpflanzen. Seine Nahrung besteht vor allem aus Insektenlarven, Weichtieren sowie weichen und absterbenden Pflanzenteilen.

Bitterling [107] *(Rhodeus sericeus)*

ORDNUNG: KARPFENÄHNLICHE

Der Bitterling ist ein kleiner, sehr hübsch gefärbter Karpfenfisch, der eine Länge von 5–6 cm erreicht. Er kommt fast in ganz Europa vor – mit Ausnahme der Pyrenäenhalbinsel, dem Gebiet südlich der Alpen und Skandinavien. Er bewohnt die Uferzone stehender und langsam fließender, vegetationsreicher Gewässer. Seine Fortpflazung ist an die Anweseheit von Muscheln der Gattung *Unio* gebunden. Das Weibchen legt nämlich die Eier mit Hilfe einer Legeröhre in deren Kiemenhöhlen ab und sorgt auf diese Weise für eine sichere Entwicklung der Nachkommenschaft. Die Bitterlinge ernähren sich von pflanzlichem und tierischem Plankton und kleinen Lebewesen.

107

108

Karausche oder **Moorkarpfen** [108] *(Carassius carassius)*

ORDNUNG: KARPFENÄHNLICHE

Die Karausche gehört zu den anpassungsfähigsten Fischen. Sie verträgt stark verschmutztes Wasser, beträchtlichen Sauerstoffmangel, warmes Wasser und sogar das Einfrieren im Eis. In kalten Wintern gräbt sie sich in den Schlamm ein und verfällt in eine Starre. Im Schlamm vermag sie auch das Austrocknen des Gewässers in sommerlichen Hitzeperioden zu überleben. Die Karausche wird 20–50 cm lang. Sie tritt auf Sandbänken und in dicht bewachsenen Altwässern oder Seebuchten auf. Ihr Verbreitungsgebiet reicht von England über Frankreich und Südskandinavien bis zur Lena und zum Kaspischen Meer. Sie ernährt sich von kleinen Tieren und Pflanzen.

Giebel [109] *(Carassius auratus gibelio)*

ORDNUNG: KARPFENÄHNLICHE

Ursprünglich stammt der Giebel aus Ostasien, wo er im Stromgebiet des Amurs und in den sibirischen Flüssen lebte. In Europa wurde er künstlich ausgesetzt und tritt heute an vielen Orten gemeinsam mit der in Europa heimischen Karausche *(Carassius carassius)* auf. Er wird 15–45 cm lang, wächst aber schneller als die Karausche. Deshalb wurde er auch in vielen Teichen Mittel- und Osteuropas ausgesetzt. Er laicht im Frühjahr von Mai bis Juni. Das Weibchen legt die Eier in Pflanzendickicht ab. Ähnlich wie die Karausche ernährt sich der Giebel von Wasserpflanzen und kleinen Tieren.

Schleierschwanz [110] *(Carassius auratus* var. *bicaudatus)*

ORDNUNG: KARPFENÄHNLICHE

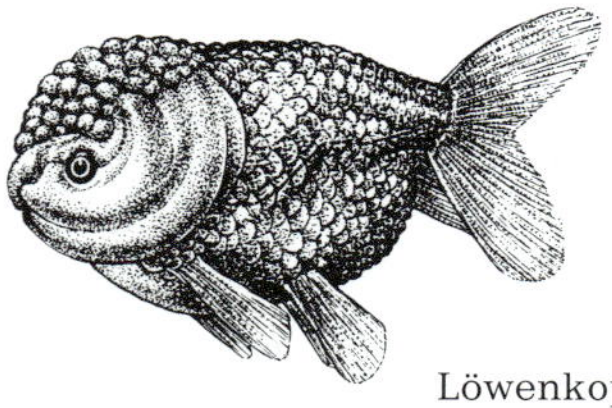

In Ostasien lebt der Giebel *(Carassius auratus gibelio)*. Aus ihm wurde vom Menschen der Goldfisch *(Carassius auratus auratus)* herausgezüchtet und weiter seine Farb- und Gestaltformen, die man im Falle der Verdoppelung des Unterlappens an der Schwanzflosse Schleierschwänze *(Carassius auratus* var. *bicaudatus)* nennt.

Löwenkopf genannte Form des Schleierschwanzes *(Carassius auratus* var. *bicaudatus)*.

109

110

Karpfen [111, 1112] *(Cyprinus carpio)* ORDNUNG: KARPFENÄHNLICHE

Dem Karpfen kommt die größte wirtschaftliche Bedeutung von allen Karpfenfischen zu. Heute wird eine Reihe seiner Zuchtformen auf der ganzen Welt in Teichen gehalten. Die ursprüngliche wilde Form – der sog. Wild- oder Bauernkarpfen – unterscheidet sich von den heutigen in Teichen gehaltenen Formen vor allem durch seinen langgestreckten, schlanken Körper. Seine Heimat ist das Stromgebiet der Donau, verwandte Arten bewohnen das Gebiet des Asowschen und Kaspischen Meeres. Bereits im 13. Jahrhundert begannen die Fischer, den Karpfen in den neu angelegten Teichen zu halten und zu züchten, vor allem wegen seines schmackhaften Fleisches und seines raschen Wachstums. Die Karpfen erreichen eine Länge von 15–75 cm, Rekordexemplare können bis zu 1,2 m lang werden. Sie suchen warme, stehende und langsam fließende, vegetationsreiche Gewässer mit sandigem oder schlammigem Grund auf. Im Herbst bilden die Karpfen in ihrem Körper Fettvorräte und sobald die Wassertemperatur auf ca. 4°C senkt, verfallen sie in eine Starre, in eine Art latenten Winterschlafes.

111

112

Bei den gezüchteten Rassen unterscheiden die Fischer vier Grundformen, die sich vor allem in der Beschuppung unterscheiden. Der Schuppenkarpfen hat die volle Schuppenzahl und ähnelt seinem wilden Vorfahren am meisten. Beim Spiegelkarpfen sind große Schuppen unregelmäßig verteilt, der restliche Körper ist nackt. Beim Zeilkarpfen sind die großen Schuppen in einigen Längsreihen angeordnet. Der sog. Lederkarpfen ist praktisch vollkommen schuppenlos (Foto 112). Karpfen halten sich mit Vorliebe in ruhigen Gewässern und tiefen Tümpeln auf und steigen nach Einbruch der Dunkelheit zur Oberfläche auf. Im Sommer sind sie häufig im warmen Wasser auf Sandbänken zu finden. Sie ernähren sich von kleinen Tieren und Pflanzen.

Lederkarpfen *(Cyprinus carpio)*

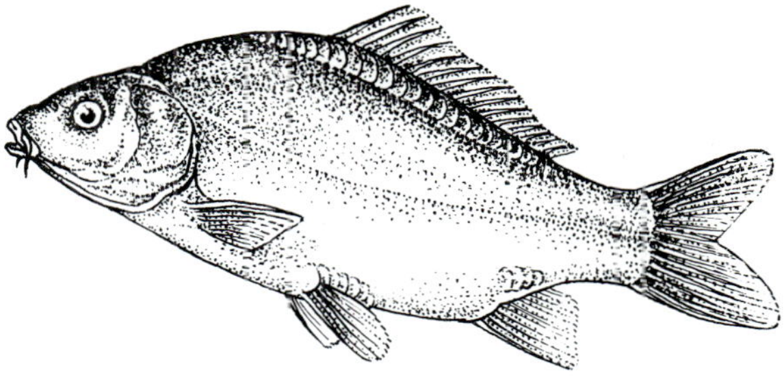

113

114

Zebrabärbling [113] *(Brachydanio rerio)* ORDNUNG: KARPFENÄHNLICHE

Der Zebrabärbling ist ein anmutiges, bei den Aquarianern sehr beliebtes Fischchen. Er stammt aus Vorderindien und erreicht eine Länge von 4,5 cm. Er lebt in Schwärmen, die sich in der mittleren und oberen Wasserschicht aufhalten. Der Fisch gehört zu den friedfertigen und verträglichen Arten. Die Weibchen sind größer und untersetzter als die Männchen. Ein typisches Merkmal sind zwei Paar Barteln und eine auffallende Blauweißstreifung. Die Haltung des Zebrabärblings im Aquarium ist nicht allzu kompliziert. Die Aquarianer haben eine Schleierform herausgezüchtet, die sich durch die Größe der Flossen (Abb. 113) von der Stammart unterscheidet. Diese Fische werden auch in Laboratorien gehalten, die sich mit genetischer Forschung befassen

Schillerbärbling [114] *(Brachydanio albolineatus)* ORDNUNG: KARPFENÄHNLICHE

Der Schillerbärbling stammt von der Malaiischen Halbinsel, aus Burma und Thailand. Er kommt auch auf Sumatra vor. Er ist sehr lebhaft und friedlich und hält sich in Schwärmen in den mittleren und oberen Wasserschichten auf. Beide Geschlechter besitzen zwei Paar lange Barteln. Das Männchen ist kleiner und schlanker als das Weibchen. Bei den Aquarianern ist dieses Fischchen sowohl wegen seiner Verträglichkeit als auch wegen seiner prachtvollen Färbung beliebt. Die Seiten und die Schwanzpartie sind vorwiegend stahlblau gefärbt. Dem Schwanzstiel entlang verläuft ein markantes rotes und blaues Band. Bei der Zucht im Aquarium braucht diese Art ein ausreichend bepflanztes Becken.

Schwarzbandbarbe [115] *(Barbus/Barbodes lateristriga)* ORDNUNG: KARPFENÄHNLICHE

Die Schwarzbandbarbe ist in Südostasien auf der Malaiischen Halbinsel, in Singapur sowie auf den Großen und Kleinen Sundainseln beheimatet. Sie ist ein flinkes Fischchen, das in Schwärmen am Grund lebt. Am Maul befinden sich zwei Paar Barteln. Vom Rücken zum Bauch verlaufen zwei breite dunkle Querbinden und senkrecht zu ihnen von der Afterflosse ein dunkler Längsstreifen. Diese Art ist ruhig, verträglich und eignet sich deshalb für die Haltung im Aquarium. Sie ernährt sich sowohl von tierischer als auch pflanzlicher Kost. Wenn sie nicht genug Nahrung im Aquarium hat, frisst sie ausgesetzte Pflanzen ab.

115

116

Brassenbarbe [116] *(Barbus/Barbodes schwanefeldi)* ORDNUNG: KARPFENÄHNLICHE

Diese Barbe stammt aus Südostasien, Malaysia, Thailand, Sumatra und Borneo. Sie ist verhältnismäßig robust und erreicht eine Länge von 35 cm. Der sehr lebhafte Fisch tritt in Schwärmen auf und ist ziemlich verträglich. Er besitzt zwei Paar Barteln. Beide Geschlechter sind einander sehr ähnlich, so dass man sie auf den ersten Blick nicht unterscheiden kann. Mit Rücksicht auf ihre Maße braucht die Brassenbarbe in Gefangenschaft ein großes Aquarium. Große Exemplare stehen häufig im Mittelpunkt des Interesses der Besucher von zoologischen Gärten und aquaristischen Ausstellungen. Außer ihrer Größe fällt diese Barbe auch durch ihre schöne Färbung auf; die gold- und silberschimmernden Seiten kontrastieren mit den rötlichen Flossen.

Viergürtel- oder **Sumatrabarbe** [117] *(Barbus tetrazona tetrazona)*

ORDNUNG: KARPFENÄHNLICHE

Sie ist einer der beliebtesten aus Südostasien – Thailand, Sumatra und Borneo – stammenden Aquarienfische. Es existieren einige geographische Unterarten. Den wissenschaftlichen Artnamen verdankt die Sumatrabarbe den vier breiten dunklen Streifen, die von der Rückenseite abwärts verlaufen. Sie ist etwa 7 cm lang und besitzt ein Paar Barteln. Das lebhafte Fischchen tritt in Schwärmen auf, in denen eine Rangordnung herrscht, so dass das Zusammenleben der Sumatrabarben mit anderen Arten bestimmte Probleme mit sich bringt. Sie beißen nämlich anderen Fischen sehr oft die Flossen ab. Die Weibchen sind kräftiger, in der Färbung der Männchen überwiegt Rot. Die Aquarianer haben mehrere Zierfornen dieser Art hochgezüchtet, so die Moosbarbe, eine albinotische Form u.a.

117

118

Graskarpfen, Amurkarpfen [118] (*Ctenopharyngodon idella*) ORDNUNG: KARPFENÄHNLICHE

Der Graskarpfen ist eine wärmeliebende Art aus dem Stromgebiet des Chang Jiang (Jangtsekiang) in China. Er kann jedoch auch in kühleren Gewässern leben, deshalb

119

120

kann man ihm vielerorts auf der ganzen Welt begegnen. Der Grund für seine Aussetzung ist sein hochwertiges, wohlschmeckendes Fleisch sowie seine Fähigkeit, sich von Fadenalgen zu ernähren und so in bedeutendem Maße zur Verbesserung der Wasserqualität beizutragen. In seiner Heimat erreicht er eine Länge von 100–120 cm und ein Gewicht von 20 kg, in kühleren Gebieten wächst er jedoch langsamer und erreicht diese Ausmaße nicht. Er besitzt einen langgestreckten, walzenförmigen, mit großen Schuppen bedeckten Körper und einen großen Kopf.

Tolstolob oder **Silberkarpfen** [119] *(Hypophthalmichthys molitrix)*

ORDNUNG: KARPFENÄHNLICHE

Der Tolstolob stammt aus dem Stromgebiet des Amur, wo er in warmen, tiefen Fließgewässern und in Seen lebt. Er wurde auf Taiwan und in Südosteuropa ausgesetzt. In manchen Ländern wird er in Behältern mit warmem Wasser aus Kraftwerken gehalten. In der Natur wird er 90–100 cm lang. Er hat einen robusten, seitlich abgeflachten Körper mit einem kleinen Kopf. Junge Exemplare sind silberfarben, erwachsene bleigrau gefärbt. Die Jungfische ernähren sich von Planktontieren, später gehen sie zu pflanzlicher Nahrung, die vor allem aus Blau- und Grünalgen besteht, über. Die Weibchen legen etwa 500 000 Eier ab, die nach der Befruchtung frei im Waser schweben.

Marmorkarpfen [120] *(Aristichthys nobilis)*

ORDNUNG: KARPFENÄHNLICHE

Ein typisches Merkmal des Marmorkarpfens ist der untersetzte Körper mit einem auffallend großen Kopf und niedrig liegenden Augen. Er ist in den warmen, tiefen Flüssen Südchinas beheimatet. Er wurde in Europa im Stromgebiet der Donau und im Einzugsgebiet des Schwarzen, Asowschen und Kaspischen Meeres ausgesetzt, pflanzt sich jedoch dort nicht auf natürliche Weise fort. Zum Laichen braucht er eine Wassertemperatur von mindestens 25°C. In kühleren Gewässern ernährt er sich vorwiegend von kleineren Tieren, während er bei höheren Temperaturen pflanzliche Nahrung bevorzugt. In seiner Heimat wird er bis zu 195 cm lang.

121

122

Bartgrundel oder **Schmerle** [121, 122] *(Neomacheilus barbatulus)*

ORDNUNG: KARPFENÄHNLICHE

Die Bartgrundel ist ein kleiner, 8–12 cm langer Fisch, der in ganz Europa mit Ausnahme der Pyrenäenhalbinsel verbreitet ist. Sie lebt in reinen stehenden und langsam fließenden Gewässern und in der Uferzone von Seen mit sandigem oder steinigem Grund. Sie hält sich ständig am selben Ort auf. Tagsüber verbirgt sie sich zwischen Steinen und kommt erst abends aus ihrem Versteck hervor. Die Schmerlen laichen von April bis Mai. In dieser Zeit entwickeln sich sowohl bei den Männchen als auch bei den Weibchen kleine Laichwarzen an der Innenseite der Bauchflossen. Die Eier haften an Steinen und werden vom Männchen bis zum Schlüpfen der Jungen bewacht.

Schlammpeitzger [123] *(Misgurnus fossilis fossilis)*

ORDNUNG: KARPFENÄHNLICHE

Der Schlammpeitzger bewohnt flache, warme stehende Gewässer mit schlammigem Grund. Er wird 10–20 cm lang und ist von Nordfrankreich über Mittel- und Osteuropa bis zum Stromgebiet der Donau und Wolga verbreitet. Das Maul der Schlammpeitzger ist von 10 kurzen Barteln umgeben. Die Haut ist stark schleimig und mit kleinen Schuppen bedeckt. Die Fische halten sich am Grund auf, tagsüber sind sie im Schlamm eingegraben, erst in der Dämmerung werden sie aktiv. Sie verfügen über die interessante Fähigkeit, in sauerstofffreiem Wasser leben zu können. Im Bedarfsfall schwimmen sie an die Oberfläche und schlucken Luft, aus der sie den Sauerstoff über die Darmschleimhaut aufnehmen. In feuchtem Schlamm können sie auch kurzfristiges Austrocknen des Gewässers überstehen. Die Brut besitzt fadenförmige äußere Kiemen, die später verschwinden.

123

124

Steinbeißer, Dorngrundel [124] *(Cobitis taenia taenia)* ORDNUNG: KARPFENÄHNLICHE

Der Steinbeißer ist ein kleines Fischchen, das in Körperform und Färbung der Schmerle ähnelt. Sein Körper ist aber seitlich abgeflacht. Das Maul ist nur von 6 Barteln umgeben. Typische Merkmale sind die röhrenförmig verlängerten Nasenlöcher und

125

126

ein aufrichtbarer, am Ende gespaltener Stachel in einer Hautfalte unter dem Auge. Der Steinbeißer ist in ganz Europa mit Ausnahme der nördlichsten Gebiete verbreitet. Sein Areal reicht bis weit nach Ostrussland. Er bevorzugt Fließgewäßer mit sandigem Boden. Da er gegen Verschmutzungen empfindlich ist, sinkt seine Zahl von Jahr zu Jahr. Er erreicht eine Länge von 8–10 cm.

Goldsteinbeißer [125] *(Sabenejewia aurata)* ORDNUNG: KARPFENÄHNLICHE

Der Goldsteinbeißer ist ein selten vorkommender Verwandter des Steinbeißers *(Cobitis taenia)*. Er tritt in rasch fließenden Gewässern im Stromgebiet der Donau, des Dons und Kubans bis zum Kaukasus auf. Meist lebt er in Flüssen und Bächen des Berglands mit kiesigem Grund. Er laicht von Mai bis Juli. Das Weibchen legt die Eier zwischen Steinen und auf Wasserpflanzen ab. Der Körper des Goldsteinbeißers ist goldglänzend, der Seitenlinie entlang verläuft ein zusammenhängendes Band aus großen rotbraunen Flecken. Wie alle Steinbeißer ernährt er sich von kleinen Bodentieren. Er wird 8–12 cm lang.

Kleinmund-Buffalo [126] *(Ictiobus bubalus)* ORDNUNG: KARPFENÄHNLICHE

Die Sauger (Buffalos) gehören der Familie Catostomidae an. Diese Süßwasserfische aus Amerika erinnern auf den ersten Blick an die europäischen Karpfen. In Amerika werden sie wegen der typischen steilen Rückenlinie „Small-mouthed Buffalo“ genannt; die Rückenflossen erinnern nämlich an den Rücken eines Bisons. Der Kleinmund-Buffalo wird 40–70 cm lang und ist vor allem im Stromgebiet des Mississippi und anderer in den Golf von Mexiko mündender Flüsse verbreitet. Er bevorzugt saubere Gewässer. Je nach den klimatischen Bedingungen laicht er von März bis Oktober, am häufigsten aber im Juli, auf Sandbänken bis zu einer Tiefe von 2 m. Er ernährt sich von Krebsen und Insektenlarven.

127

Kapitel 7

SILBRIGER REICHTUM

Bei einem Fischfang mit thailändischen Fischern [127].

*Vom Gesichtspunkt der Entwicklungsgeschichte gelten die Heringsartigen Fische (Clupeiformes) als eine Grund- und Ausgangsordnung der Gruppe der Echten Knochenfische (Teleostei). Bis vor kurzem wurden sie in einige Unterordnungen aufgeteilt, die heute jedoch als selbstständige Ordnungen angesehen werden (z.B. Lachse oder Hechte). Ohne Rücksicht darauf, welcher zoologischen Systematik man den Vorrang gibt, bilden Fische aus der Ordnung der Heringsartigen eine große Gruppe, die für den Menschen von unermeßlicher wirtschaftlicher Bedeutung ist. Besonders die Arten der Familie der Heringe (Clupeidae) und der Familien der Dussumieriidae, Pellonulidae, Alosidae, Pristigasteridae, Stolephoridae und Dorosomatidae stellen für die Menschheit eine wichtige Nahrungsquelle dar, vor allem für die Küstenländer. Es sind mehr als 160 Heringsfisch-Arten bekannt. Die bekanntesten sind Heringe (*Clupea*), Kaspisch-pontische Heringe (*Caspialosa*), Maifische, Finte (*Alosa*), Sprotten (*Sprattus*), Sardinen (*Sardina*) und Sardellen (*Engraulis*). Es sind kleinere Fische mit silbrigem Körper, meistens fehlt bei ihnen der Seitenstreifen. Ihre Hauptnahrung bilden Plankton und Fischbrut, die sie aus dem Wasser mittels einem dichten Netz von Aufwüchsen auf den Kiemenbogen, dem. sog. Kiemenapparat, filtrieren. Heringsfische leben in großen Schwärmen, den größten Teil ihres Lebens verbringen sie im freien Meer. Die seit dem Zweiten Weltkrieg verwendeten rücksichtlosen Methoden des modernen Fischfangs unter der Verwendung von Echolokatoren, Lichtquellen, riesigen Netzen und starken elektrischen Entladungen haben in den Nordmeeren eine bedenkliche Heringsabnahme und auch die Abnahme von anderen Fischarten verursacht. Die Fische schaffen es nicht einmal weit genug heranzureifen, um sich vermehren zu können und so kommt es zu einem biologischen Kollaps von ganzen Populationen. Der beutegierige Zugang des Menschen zur Natur hat den Menschen und auch den scheinbar unerschöpflichen Fischreichtum ernst bedroht.*

Kleinrückige Sprotte [128] (*Etrumeus micropus*)

ORDNUNG: HERINGSARTIGE

Der kleinere Heringsfisch aus der Familie der *Stolephoridae* ist von der Ostküste Südafrikas quer durch den Indischen und Pazifischen Ozean (Hawaii-Inseln) bis zur Kalifornischen Küste bekannt. Er wächst nur bis zu einer Länge von 30 cm heran. In den Geschäften verkauft man ihn frisch, gekühlt, tiefgefroren und auch getrocknet. In Europa ist der Atlantische Hering *(Clupaea harengus)* am bekanntesten. Er wächst bis zu einer Länge von höchstens 40 cm heran und kann ein Alter von 25 Jahren erreichen.

128

129

Katzen- oder **Zwergwels** [129] *(Ictalurnus [Ameiurus] nebulolus)*

Kapitel 8

DIE BÄRTIGEN – KATZENFISCHE, RITTER VOM GRUND

Die Vertreter der Welsartigen (Siluriformes) leben in Süßwasser und sind fast auf der ganzen Erde verbreitet. Sie fehlen nur in Westeuropa, in den arktischen Gewässern, im südlichsten Teil des südamerikanischen Kontinents, in Neuseeland und in manchen Gebieten Australiens. In vielen Sprachen werden die Welse als „Katzenfische“ bezeichnet und dieser Name ist in gewisser Hinsicht zutreffend. Die Echten Welse (Siluridae), Zwergwelse (Ameiuridae und Ictaluridae), Panzer- oder Schwielenwelse (Callichthyidae), Faden- oder Antennenwelse (Pimelodidae), Fiederbartwelse (Mochocidae) und Harnischwelse (Loricariidae), sie alle tragen am Mund Barteln von verschiedener Zahl und Länge, die auffallend an die Tasthaare der Katzen erinnern. Übrigens verwenden die Fische ihre Barteln in ähnlicher Weise, indem sie mit ihnen den Schlamm buchstäblich abtasten. Die Welsartigen leben nämlich am Grund und könnten bei der Orientierung und beim Jagen kaum ohne Barteln auskommen. Ihr Körper ist entweder vollständig schuppenlos oder in manchen Fällen, z.B. bei den Panzerwelsen oder Harnischwelsen, durch Knochenplättchen geschützt. Die Schwimmblase besteht aus zwei Teilen und ist ähnlich wie bei den Karpfenähnlichen an den sog. Weberschen Apparat angeschlossen. Manche Zoologen ordnen die Welse deshalb den Karpfenähnlichen (Cypriniformes) zu.

Der erste Strahl der Rückenflosse ist scharf und verknöchert und wird so zu einer gefährlichen Waffe. Bei manchen Arten gilt dies auch für die ersten Strahlen der Bauchflossen. Manchmal ist dieser Strahl mit einem besonderen Sperrgelenk versehen, das einschnappt, wenn sich der Strahl aufrichtet und ihn so in aufrechter Lage hält. Manche Welse leben in warmen Gebieten, wo das durchwärmte Wasser sauerstoffarm ist oder regelmäßig austrocknet. Sie besitzen deshab zusätzliche Atmungsorgane, die ihnen ermöglichen, atmosphärischen Sauerstoff auszunutzen. Salzwasser ist ihnen fremd, von den 30 bekannten Familien dringen nur drei in Brack- und Meerwasser vor. Ebenso meiden sie kalte Gewässer im Norden und Süden. In manchen Ländern, vor allem in Afrika und Asien bilden welsartige Fische einen wichtigen Bestandteil des Speisezettels der einheimischen Bevölkerung. Auf der nördlichen Halbkugel werden sie vor allem von den Sportfischern geschätzt, deren besonderes Interesse natürlich vor allem dem Wels, dem größten Vertreter der Ordnung, gilt. Dieser mächtige, langlebige Fisch mit einer verborgenen Lebwensweise ist von zahlreichen Mythen und Legenden umsponnen.

Die kleineren welsartigen Fische, so die Stachelwelse (Bagridae), Kiemensack- oder Raubwelse (Clariidae), Fiederbartwelse (Mochocidae), Antennenwelse (Pimelodidae), sowie Schwielen- oder Panzerwelse (Callichthyidae) sind beliebte Aquarienfische. Meist stellen sie keine besonderen Ansprüche in bezug auf die Lebensbedingungen und eignen sich deshalb auch für beginnende Aquarianer.

Die größte Gruppe der ganzen Ordnung sind Harnischwelse (Locariidae), deren man heute schon mehr als 600 Arten kennt und es werden immer neue beschrieben, so dass man die Abschätzung mancher Fachleute nicht ausschließen kann, der zufolge die Artenzahl in dieser Familie bis 1000 Arten erreichen wird. Eine der Ursachen der großen Zahl von neuen Taxonen ist u.a. die Tatsache, dass nur wenig Harnischwelse-Arten ein größeres Verbreitungsareal haben. Die Mehrzahl von ihnen bewohnt nur ein kleines Gebiet, häufig nur ein kleines Flüsschen, einige Arten wurden wiederholt sogar nur in einem bestimmten Tümpel gefangen. Wegen des großen Artenreichtums bereitet die Bestimmung der Harnischwelse auch den Fachleuten große Probleme.

Eine anatomische Seltenheit der Harnischwelse stellt der Bau ihres Auges dar. Das Auge reguliert nämlich die zu den Sehzellen durchdringenden Lichtmengen nicht so, wie es bei anderen Wirbeltieren üblich ist, also nicht mittels der Pupille, sondern über einen speziellen Lappen, der aus dem Rand der Regenbogenhaut herausragt, sich nach Bedarf mit Blut füllt und so das Auge abblendet.

130

Wels [130, 131, 132] *(Silurus glanis)* *ORDNUNG: WELSARTIGE*

Der Wels ist der größte europäische Fisch. Sein langgestreckter Körper kann mit dem breiten, flachen Kopf eine Länge von 3 m und ein Gewicht von 150 kg erreichen. Er hat eine glatte, schleimige, schuppenlose Haut. Am Oberkiefer trägt er zwei sehr lange Barteln, vier weitere befinden sich am Unterkiefer. Man kann ihm in wärmeren Seen und Stauseen, Teichen, Altwässern und großen Flüssen in Mittel- und Osteuropa begegnen. In der Ostsee und im Schwarzen Meer lebt er auch in Brackwasser. Er ist ein nachtaktiver Fisch. Tagsüber hält er sich verborgen, erst bei Anbruch der Dunkelheit steigt er zur Oberfläche auf. Den Winter überdauert er in tiefen Tümpeln.

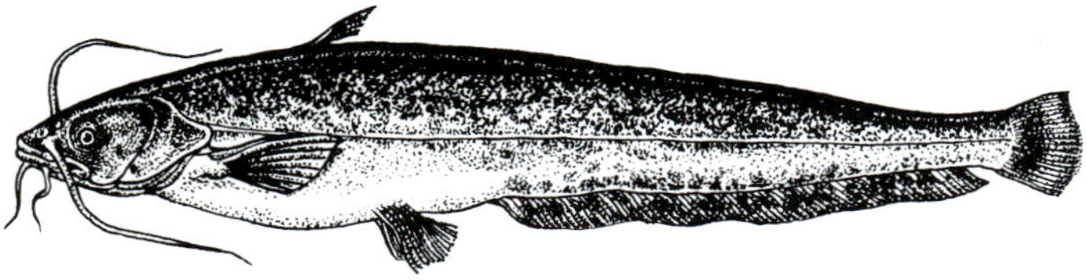

Der Aristoteleswels *(Silurus aristotelis)* ist ein kleinerer Verwandter des Welses *(Silurus glanis)*, der nur in Griechenland vorkommt.

131

132

Die Laichzeit der Welse beginnt im Mai und dauert je nach den Klimabedingungen bis zum Juli. Das Männchen gräbt auf bewachsenen Sandbänken eine Vertiefung aus, in die das Weibchen die etwa 3 mm großen Eier ablegt. Ein erwachsenes Weibchen kann 500 000 Eier produzieren. Die ausgeschlüpften Jungen erinnern an Kaulquappen. Sie ernähren sich von Plankton und kleinen Tieren, erwachsene Welse jagen Fische, Lurche, aber auch kleine Säugetiere und Wasservögel. Das Männchen bewacht die Jungen solange, bis sie alle Nährstoffe aus dem Eiersäckchen verbrauchen und bis sie beginnen, sich selbstständing zu ernähren.

133

Indischer Glaswels [133] *(Kryptopterus bicirrhis)* ORDNUNG: WELSARTIGE

Der Indische Glaswels stammt aus Südwestasien, er kommt in Thailand und auf den Großen Sundainseln vor. Er wird höchstens 11 cm lang und lebt in Schwärmen in mittleren Tiefen, manchmal auch am Grund. Mit Vorliebe verbirgt er sich in lichten Pflanzenbeständen. Sein Körper ist seitlich stark zusammengedrückt und durchsichtig. Die Afterflosse ist durch eine feine Membran mit der Schwanzflossse verbunden. Der Glaswels besitzt zwei Mundbarteln. Sehr oft wird er in Aquarien gehalten, wo er ziemlich verträglich ist. Als Nahrung dienen ihm kleine wirbellose Tiere, vor allem Planktonkrebse und Insektenlarven.

134

135

Zwergwels, Katzenwels [129, 134] (*Ictalurus nebulosus*) ORDNUNG: WELSARTIGE

Die Heimat des Zwergwelses, der in der ichthyologischen Literatur meist der Gattung *Ictalurus*, seltener der Gattung *Ameiurus* zugeordnet wird, sind die langsam fließenden Gewässer in einem Gebiet, das von den Großen Amerikanischen Seen bis zum Golf von Mexiko reicht. 1885 wurde er nach Europa eingeführt und in der freien Natur ausgesetzt. Heute kommt er in nicht allzu großen Zahlen auf dem ganzen Kontinent vor. In Nordamerika wird er 20–30, ausnahmsweise 40 cm lang, in Europa kümmert er jedoch meistens. Er ernährt sich von kleinen wirbellosen Tieren, kleinen Fischen und modernden Pflanzenresten.

Getüpfelter Gabelwels [135] (*Ictalurus punctatus*) ORDNUNG: WELSARTIGE

Diese Art ist mit dem Zwergwels (*Ictalurus nebulosus*) nahe verwandt. Sie unterscheidet sich von ihm durch die geschweifte Schwanzflosse. Auch sie stammt aus Nordamerika, wo sie in den Großen Amerikanischen Seen und in amerikanischen und kanadischen Flüssen verbreitet ist. Der Getüpfelte Gabelwels bevorzugt Gewässer mit sandigem oder steinigem Grund. In seiner Heimat wird er 27–75 m lang und bis zu 7 kg schwer und ist somit die größte Art der Gattung *Ictalurus*. Auch er wurde nach Europa eingeführt und ausgesetzt, hat sich jedoch im Unterschied zum Zwergwels nirgends etablieren können.

136

Punktierter Panzerwels [136] *(Corydoras paleatus)* ORDNUNG: WELSARTIGE

Der Punktierte Panzerwels gehört zu den am häufigsten gezüchteten Aquarienfischen. Er ist anspruchslos, widerstandsfähig und friedliebend. Er stammt aus Südamerika – aus Südostbrasilien und dem Gebiet des Rio de la Plata. Seine Länge beträgt 7–8 cm. Am Maul befinden sich zwei Paar Barteln, die Fettflosse ist mit einem Dorn bewehrt.

137

138

Die Weibchen sind untersetzter und größer als die Männchen. Der Fisch hält sich mit Vorliebe am Grund auf, wo er sich von kleinen wirbellosen Tieren und verschiedenen Pflanzenresten ernährt. Er lebt in kleinen Schwärmen.

Schwarzbinden-Panzerwels [137] *(Corydoras melanistius)* ORDNUNG: WELSARTIGE

Dieser Fisch gehört zu den am schönsten gefärbten Panzerwelsen. Er ist 5 cm lang und lässt sich an einem auffälligen dunklen, vor der Rückenflosse unterbrochenen Band erkennen. Am Mund befinden sich zwei Paar Barteln, die Fettflosse ist mit einem Dorn ausgestattet. Seine Heimat liegt in Südamerika, im brasilianischen Stromgebiet des Amazonas. Er gesellt sich zu kleinen Schwärmen, die sich am Grund aufhalten. Die Weibchen sind größer als die Männchen. Der Schwarzbinden-Panzerwels gehört zu den beliebten Aquarienfischen. In der Natur ernährt er sich von kleinen wirbellosen Tieren, vor allem Insektenlarven. Nahe verwandt sind die Arten *C. metae* und *C. nijsseni*.

Sturisomtichthys leightoni [138] ORDNUNG: WELSARTIGE

Dieser Fisch, für den es keinen deutschen Namen gibt, ist in Südamerika beheimatet – er lebt in Kolumbien, im Stromgebiet des Rio Magdalena. Er wird bis zu 15 cm lang. Im Aquarium verlangt er mittelhartes Wasser und genügend Verstecke. Das Weibchen legt 60–70 2 mm große Eier ab. Auf dem Gelege „sitzt" das Männchen. Der anfangs gelbliche Rogen wird allmählich dunkler. Bei einer Temperatur von 24°C schlüpfen die Jungen nach 7 Tagen. Sie fressen abgebrühten Spinat und Nauplien der Salinenkrebse, die erwachsenen Fische Salat, Spinat, Erbsen und Fertignahrung in Form von Tabletten und Flocken.

139

Antennen-Harnischwels [139] *(Ancistrus spec.)* ORDNUNG: WELSARTIGE

Den nördlichen und mittleren Teil Südamerikas bewohnen die Harnischwelse (Loricariidae). Ihren Namen verdanken sie einer Panzerung mit dicken Knochenplatten, die sie vor Feinden schützen soll. Mit Ausnahme der Schwanzflosse sind alle Flossen mit kräftigen Stacheln bewehrt. Mit Hilfe des unterständigen Maules können sich die Fische an Steinen festsaugen. Sie halten sich hauptsächlich am Grund auf und verbergen sich zwischen Steinen und Wurzeln. Ihr Körper ist schlank, mit einem langen, dünnen Schwanzstiel. Zu den typischen Biotopen der Harnischwelse gehören fließende Gebirgswässer. Die meisten Arten sind beliebte, häufig gezüchtete Aquarienfische.

Der Antennen-Harnischwels stammt aus dem Rio Negro in Brasilien. Erwachsene Exemplare können 15 cm lang sein. Auf den ersten Blick fallen die vergrößerten Flossen auf, nur die Fettflosse ist klein. Das Männchen weist am ganzen Kopf große Auswüchse auf, das Weibchen nur kleine dornige unter den Augen. Dieser Antennen-Harnischwels wird nur selten eingeführt und seine Färbung ist sehr variabel. Es gibt Exemplare mit großen roten Flecken sowie mit kleinen roten Sprenkeln. Der Fisch ist lebhaft aber dennoch scheu; er verbirgt sich tagsüber am Grund und steigt erst am Abend zur Oberfläche auf. Mit Vorliebe hält er sich zwischen Wurzeln auf. Er ernährt sich von kleinen wirbellosen Tieren, aber auch von Pflanzen, vor allem von Algen. Mit Hilfe des Saugmauls raspelt er auch gern Holz. In Gefangenschaft benötigt diese Art ein großes Becken mit sauberem, gut filtriertem Wasser. Der große orangefarbene Rogen wird vom Männchen bewacht.

140

Gemalter Antennenwels [140] *(Pimelodus pictus)* ORDNUNG: WELSARTIGE

Die Familie der Faden- oder Antennenwelse ist sehr artenreich und ihre Vertreter treten vom Süden Mexikos über Mittelamerika bis nach Paraguay und auch auf einigen Karibik-Inseln auf. Es ist eine sehr vielfältige Gruppe, die einzelnen Antennenwels-Gattungen unterscheiden sich voneinander sowohl durch den Körperbau als auch durch die Färbung und Lebensweise. Manche Ichthyologen meinen, die Systematik der ganzen Familie sollte aufgrund der neuesten Erkenntnisse einer Nachprüfung unterzogen werden, wobei möglich ist, dass sie eine neue Gliederung zur Folge haben wird. Die Antennenwelse sind meist nachtaktiv, tagsüber halten sie sich am Grund auf. Sie sind räuberisch, kleinere Arten jagen wirbellose Tiere, die Größeren ernähren sich von anderen Fischen. Der Körper von Antennenwelsen ist schuppenlos, am Maul tragen sie drei Paare lange Barteln. Alle Arten besitzen eine Fettflosse. Das Becken für die Zucht von Gemalten Antennenwelsen soll ausreichend geräumig sein da diese Fischart auch tagsüber aktiv ist und ständig das Aquarium durchkreuzt. Auf kleinere Fische achtet er nicht, daher darf man ihn zusammen mit anderen Arten halten, jedoch nur mit solchen, die durch seine ständige Bewegungsaktivität nicht nervös werden. Der Gemalte Antennenwels wird 25 cm lang. Er ernährt sich von kleinen Tieren. Wie alle Fadenwelse besitzt er 3 Paar sehr lange Barteln, denen die Familie ihren Namen verdankt. Die Rückenflosse ist weit nach hinten zur Schwanzflosse gerückt. Die Afterflosse ist kurz, die Fettflosse kann verschieden geformt sein. Ein Teil der Antennenwelse ist nicht länger als 7 cm, einige Arten erreichen jedoch eine Länge von 60 cm. Die Fische verbergen sich mit Vorliebe in Spalten, unter Steinen oder zwischen Wurzeln.

141

Riffmuräne [141] *(Gymnothorax javanicus)*

Kapitel 9

DIE FISCHE MIT DEM SCHLANGENKÖRPER

Die Ordnung Aalartige (Anguilliformes) umfasst 25 Familien und etwa 260 Arten. Ihre Vertreter kommen mit Ausnahme der Polargebiete auf der ganzen Erde vor. Die meisten Arten bewohnen die Meere. Einige, vor allem die Echten Aale, können sowohl im Meer als auch im Süßwasser leben. Alle Aalartigen besitzen einen langgestreckten, schlanken Körper, der in seiner Form und seinen Bewegungen an den einer Schlange erinnert. Diese scheinbare Ähnlichkeit ist jedoch nicht nur den Aalartigen eigen, es gibt auch andere, mit ihnen nicht verwandte Arten, deren Körper schlangen- oder aalförmig ist. Die Rücken- und Schwanzflossen sind bei den Aalartigen zu einem zusammenhängenden Saum vereinigt. Allen Arten fehlen die Bauchflossen. Die Wirbelsäule besteht aus einer großen Zahl von Wirbeln – es können bis zu 260 sein. Manche Arten leben am Grund und graben sich in den Schlamm oder Sand ein, andere schwimmen frei, oft in großen Tiefen. Die Entwicklung verläuft über ein Larvenstadium. Die Larven sind blattförmig und durchsichtig. Sie leben verborgen in einer Tiefe von 100-200 m. Die Umwandlung in ein erwachsenes Tier dauert etwa zwei Jahre und wird bei den Aalen in flachen Küstengewässern und Flussmündungen beendet.

Die Ordnung wird in zwei große Gruppen eingeteilt – Echte Aale (Anguillidae) und Muränen (Muraenidae), von denen rund 100 Arten bekannt sind. Die Muränen sind typische Bewohner von felsigen Gebieten und Korallenriffen in den gemäßigten und tropischen Meeren. Sowohl die Aale als auch die Muränen können die Gesundheit des Menschen bedrohen, denn ihr Blutserum enthält das Gift Ichthyotoxin. Beim Aal wurde es im Blut und in den Geschlechtsorganen festgestellt, manchmal auch im Fleisch. Es zerfällt durch Erhitzen über 40°C und wird dadurch unschädlich. Die Giftigkeit des Blutes von Aalen hängt mit der Anhäufung des Toxins in den Geschlechtsorganen zusammen, denn das Blut nicht erwachsener Exemplare enthält kein Ichthyotoxin. Auf die Möglichkeit einer Vergiftung durch Muränenblut hat schon im Altertum der Arzt Galen aus Pergamon aufmerksam gemacht. Damals diente Muränenblut nämlich zum „Würzen“ von Speisen. Schon die alten Römer betrachteten das Fleisch der Muräne als Leckerbissen und das hat sich bis zum heutigen Tag nicht geändert. Ist jedoch die Hitzebehandlung nicht ausreichend, können sich schon nach 20 Minuten die ersten Symptome einer Vergiftung einstellen. Im Endstadium wird das Nervensystem angegriffen, es kommt zu Krämpfen und zum Atemstillstand.

Riffmuräne [141] *(Gymnothorax javanicus)* ORDNUNG: AALARTIGE

Die Muränen sind den Aalen ähnelnde Raubfische. Ihre charakteristischen Merkmale sind bezahnte Kiefer, röhrchenförmig verlängerte Nasenlöcher, eine glatte, schuppenlose Haut und ein schlangenförmiger Körper. Sie treten in den verschiedensten Biotopen auf, am häufigsten jedoch an Korallenriffen. Sie gehören zu den nachtaktiven Raubfischen und orientieren sich vorwiegend mit Hilfe des Geruchssinnes. Ihr Sehvermögen ist hingegen nur sehr gering. Das nützen manche Fische aus und hüllen sich in der Nacht in eine Art Schlafsack aus Schleim ein, den die Muränen nicht sehen und vor allem nicht mit dem Geruchssinn wahrnehmen können. Die Muränen jagen Fische und Krabben. Mit ihrem schlanken Körper können sie die Beute auch in enge Spalten und Risse verfolgen. Ihre einzigen Feinde neben den Menschen sind große Fische und Wasservögel. Die Art *Gymnothorax javanicus* gehört zu den größten Muränen und wird bis zu 3 m lang.

Geistermuräne [142] *(Rhinomuraena amboinensis)* ORDNUNG: AALARTIGE

142

Diese sehr schön gefärbte Art lebt in den Meeren, die die Indische und Malaiische Halbinsel sowie die Philippinen umgeben. Sie erreicht eine Länge von etwa 75 cm. Ihr Körper ist schlank, seitlich etwas abgeflacht, mit langgestreckten, pinzettenförmigen Kiefern und einer gut entwickelten Rückenflosse. An den Nasenlöchern befinden sich lange, aufrichtbare, röhrenförmige Auswüchse. Die Grundfarbe der Geistermuräne ist Sattblau, die großen Augen, die Schnauze und die Rückenflosse sind orangefarben. Die Brustflossen sind verkümmert.

143

Gemeine Muräne [143] *(Muraena helena)* ORDNUNG: AALARTIGE

Die Gemeine Muräne ist ein stattlicher Fisch mit einem kräftigen, seitlich etwas abgeflachten Körper. Sie erreicht eine Länge von 1,2-1,5 m und ist in den nördlichen und östlichen Regionen des Atlantischen Ozeans verbreitet, von den Britischen Inseln bis Senegal, Madeira, den Kanarischen Inseln und im Mittelmeer. Die Muränen verbergen sich in Felsspalten und Höhlen, aber auch in antiken Amphoren und Wracks. Im Winter ziehen sie in flaches Wasser, wo sie laichen. Sie jagen Krebse, Tintenfische und Fische. Im Altertum hielten die Römer Muränen in großen Behältern, denn ihr Fleisch wurde als Leckerbissen betrachtet. Überlieferten Berichten zufolge wurden sie mit dem Fleisch von Sklaven gefüttert.

144

Mosaik-Riffmuräne [144] *(Gymnothorax tesselatus)* ORDNUNG AALARTIGE

Wegen ihrer auffallenden Netzzeichnung, die an das Fell einer Giraffe erinnert, wird diese Art häufig in Seewasseraquarien ausgestellt. Sie ist an der Küste Ost- und Südafrikas und in der indopazifischen Region verbreitet. Sie erreicht eine Länge von etwa 150 cm und gehört zu den gefährlichen Arten. Bei der Begegnung mit Muränen muss man vorsichtig vorgehen, denn die Tiere können angreifen, ohne besonders herausgefordert worden zu sein. Oft wird über die Giftigkeit der Muränen gesprochen. Die großen aus dem Mund herausragenden Zähne erinnern an die Giftzähne von Schlangen, aber die Dinge liegen hier anders. Giftig ist das Blutserum und das gelangt in der Regel dann aus dem Mund der Muräne in die Wunde, wenn beim Zubeißen kleine Blutgefässe in der Schleimhaut des Gaumens platzen. Häufiger sind jedoch Vergiftungen durch den Genuss von unzulänglich gekochtem Fleisch. Eine schwere Vergiftung hat in 10% aller Fälle einen tödlichen Ausgang.

Grüne Riffmuräne [145] *(Gymnothorax funebris)* ORDNUNG: AALARTIGE

145

Die stattliche, gelbgrün gefärbte Muräne, deren Rückenflosse einen hohen, bis zum Kopf reichenden Saum bildet, wird häufig in Aquarien gehalten. In der Natur wagt sie sich bei der Nahrungssuche bis zur Brandungsgrenze und verfolgt sogar Lebewesen über der Wasseroberfläche. Wenn sie Krabben jagt, die auf den Klippen ausruhen, kann sie bis aufs Land gelangen. In den letzten Jahren haben Aquarianer damit begonnen, Muränen zu züchten. Die Nahrung stellt bei den meisten Arten kein Problem dar. Sie sind sehr gefräßig, nehmen bereitwilig jede Fleischkost an und wachsen rasch. In einem Aquarium für Muränen müssen ausreichend Verstecke vorhanden sein, sonst werden die Fische nervös und versuchen zu fliehen. Der Behälter muss gut gedeckt und mit einem Überlaufabfall versehen sein, denn der schleimige Körper der Muränen kann sich durch unglaublich kleine Öffnungen oder Spalten zwängen.

Graue Muräne [146] *(Siderea grisea)* ORDNUNG: AALARTIGE

Die Graue Muräne ist eine der am schönsten gefärbten Muränen. Auf graugelbem Grund bilden dunkle Flecken und Tupfen auf der schuppenlosen Haut eine prachtvolle Marmorierung. Es handelt sich um eine kleinere, kaum 80 cm lange Art. Sie kommt in der ganzen indopazifischen Region vom Roten Meer bis zu den Hawaii-Inseln und Nordaustralien vor. An Korallenriffen gehört sie zu den häufigsten Muränen. Nachts ist sie besonders aktiv. Sie steigt zur Oberfläche auf und lauert auch über Sandbänken auf Beute. Im Unterschied zu anderen Muränenarten können sich zwei bis vier Fische ein Versteck teilen.

Meeraal [147] *(Conger conger)* ORDNUNG: AALARTIGE

Der Meeraal besitzt einen untersetzten, schlangenförmigen Körper mit großen Kiemenspalten und zugespitzten Brustflossen. Die Mundwinkel des breiten Mauls reichen bis unter die Augen. Der Meeraal ist von den nördlichen Regionen des Atlantischen Ozeans bis zum Mittelmeer und der Nordwestküste Afrikas verbreitet. Er hält sich in Flachwasser auf, wo er Fische, Krabben und kleinere Kopffüßer jagt. Zur Laichzeit ziehen die erwachsenen Fische in größere Tiefen, nach dem Ablaichen

146

verenden sie. Aus dem Rogen schlüpfen durchsichtige Larven, die mit den Meeresströmungen an die Küste gelangen. Die Umwandlung der Larven in erwachsene Fische dauert etwa zwei Jahre. Der Meeraal erreicht eine Länge von 3 m und ein Gewicht von 65 kg.

147

Röhrenaal [148] *(Heteroconger haasi)* ORDNUNG: AALARTIGE

148

Der Röhrenaal hat einen über 1 m langen, schlanken Körper, der mit kleinen Tupfen und einigen größeren Flecken bedeckt ist. Die Fische graben röhrenförmige Öffnungen in den sandigen Grund, aus denen sie nur den vorderen Teil des Körpers hervorschieben. Bei Gefahr ziehen sie sich blitzschnell in ihr Versteck zurück. Sehr häufig leben sie in Kolonien, die von weitem aussehen wie ein lebendiger Wald. Der Röhrenaal erreicht eine Länge von etwa 30 cm und ist in der ganzen indopazifischen Region in der Nähe von Korallenriffen auf sandigem Grund verbreitet. Der Röhrenaal wird manchmal mit dem Sillneraal *(H. sillneri)* verwechselt. Während der Sillneraal zahlreiche Kolonien im Roten Meer bildet, tritt der Röhrenaal im Indischen und Pazifischen Ozean auf, im Roten Meer fehlt er. Über die Lebensweise dieser Aale hat man nur wenig Angaben. Wenn die Larven eine Länge von etwa 4 cm erreichen, wandeln sie sich in einen erwachsenen Fisch um.

Gemeiner Flussaal [149, 150] *(Anguilla anguilla)* ORDNUNG: AALARTIGE

Der Gemeine Flussaal ist im nördlichen Teil des Atlantischen Ozeans von Island bis Nordafrika, im Mittel- und Schwarzen Meer und auch in den europäischen und nordafrikanischen Binnengewässern verbreitet. Er besitzt einen langgestreckten, schlanken Körper mit abgerundeten Brustflossen. Die Männchen werden 50 cm lang, die Weibchen sind größer - bis 150 cm. Der Flussaal gehört zu den sog. katadromen Arten, d.h. er wandert zur Laichzeit aus dem Süßwasser ins Meer. Nach einem 4–10-jährigen Aufenthalt in Flüssen und Seen sammeln sich die geschlechtsreifen Fische am Ende des Sommers in Flussmündungen und wandern Tausende von Kilometern in die Tiefen des Sargassomeeres. Das Laichen beginnt im Frühjahr und nach etwa anderthalb Jahren verenden die erwachsenen Aale. Die etwa 6,5 cm langen, glashellen, weidenblattförmigen Larven, die als *Leptocephalus* bezeichnet werden, ziehen mit dem Golfstrom zu den Küsten Europas und Afrikas zurück und wandern als sog. Monté-Form in die Flussmündungen ein. Im dritten Lebensjahr steigen die Weibchen in die Flüsse auf, während die Männchen meist im Brackwasser bleiben. Aale sind bis zu einem gewissen Grade fähig, sich auf dem Land fortzubewegen (Foto 150).

149
150

151

Quappe [151] *(Lota lota)*

Kapitel 10

DORSCHE, SEENADELN, SEEPFERDCHEN

Die Ordnung der Dorschartigen (Gadiformes) wird in 10 Familien eingeteilt und umfasst 680 Arten. Manche von ihnen sind von großer wirtschaftlicher Bedeutung. Besonders die Dorsche werden wegen ihres schmackhaften, fettarmen Fleisches ohne lästige Fleischgräten geschätzt. In Form der beliebten Filets sind sie auch den Bewohnern von Binnenstaaten bekannt. Die Dorschartigen besitzen keine Flossenstrahlen oder Stachel. Die meisten von ihnen bewohnen die gemäßigten Meere der nördlichen Halbkugel, es gibt nur fünf Arten, die im Süßwasser leben.

Zu den merkwürdigsten Fischen gehören die Vertreter der Ordnung Büschelkiemer (Syngnathiformes). Manche Arten zeichnen sich durch besonders bizarre Formen aus, die keine Ähnlichkeit mehr mit dem klassischen Körperbau der Fische zeigen. Die Büschelkiemer bewohnen vor allem die Küstenzonen tropischer und subtropischer Meere, nur einige wenige Arten leben in Süßwasser. Sie werden in Seenadeln und Seepferdchen unterteilt.

Die Seenadeln besitzen einen langgestreckten, dünnen Körper, eine längliche Schnauze und einen kleinen Mund. Anstelle von Schuppen ist der Körper mit einen Knochenpanzer bedeckt.

Die Seepferdchen weisen einen seitlich abgeflachten Körper und einen von der Bauchpartie deutlich getrennten Kopf auf, der dem Körper überdies senkrecht aufsitzt so dass er einem Pferdekopf ähnelt. Den Seenadeln und Seepferdchen wurden früher auch die Stichlinge zugeordnet, heute werden sie jedoch in die selbständige Ordnung Stichlinge (Gasterosteiformes) eingereiht.

Aalquappe [151, 152] *(Lota lota)*

ODRDNUNG: DORSCHARTIGE

Die Aalquappe ist der einzige dorschartige Süßwasserfisch Europas. Sie erreicht eine Länge von 60 cm und gehört zu den nachtaktiven Arten.

152

153

Kabeljau [153, 154] *(Gadus morhua)* *ORDNUNG: DORSCHARTIGE*

Der Kabeljau ist im nördlichen Teil des Atlantischen Ozeans von Neufundland bis Nordkarolina und im Osten von Spitzbergen bis zum Golf von Biscaya verbreitet. Früher erreichte er eine Länge von 2 m und ein Gewicht von 45 kg, heute werden höchstens 80 cm lange Exemplare gefangen. Der Fisch ist in Küstengewässern bis in eine Tiefe von 600 m verbreitet. Die Jungfische versammeln sich über Sandbänken, die erwachsenen unternehmen lange Wanderungen zu den Laichplätzen und auf der Nahrungssuche. Der Kabeljau laicht zeitig im Frühjahr bei einer Wassertemperatur von 4-6°C. Der Laichakt verläuft sehr stürmisch und ein Weibchen kann bis zu 5 Millionen Eier ablegen. Sie enthalten einen Öltropfen, daher sind sie leichter als Wasser und schweben frei an der Oberfläche. Die Jungen schlüpfen nach 2-4 Wochen und ernähren sich meist von Planktonkrebsen. Der Kabeljau ist einer der wichtigsten wirtschaftlichen Fische.

154

Franzosendorsch [155] (*Tricopterus luscus*)

Der Franzosendorsch gehört zu den kleineren Arten. Er erreicht eine Länge von 30, höchstens 40 cm. Sein Körper ist verhältnismäßig hochrückig. Die Rückenflosse besteht aus drei Teilen. Der erste dreieckige Teil ist am längsten. Die Bauchflossen sind fadenförmig verlängert. An der Basis der Brustflossen befindet sich ein dunkler Fleck. Die Art ist von Skandinavien, der westeuropäischen Küste entlang bis an die Küste Nordafrikas und im westlichen Mittelmeer verbreitet. Die größten Laichplätze befinden sich an der französischen Küste, wo die Fische in einer Tiefe von 50–200 m laichen. Der Rogen schwebt nach dem Ablaichen und der Befruchtung frei an der Oberfläche.

Ein typisches Kennzeichen vieler Dorschfische ist der Bartfaden am Kinn, der als Tastorgan dient. Die Dorsche sind Raubfische. In der Nordsee verzehren besonders jüngere Exemplare mit Vorliebe verschiedene Krustentiere. Mit zunehmendem Alter jagen sie dann immer häufiger Fische, von denen sich erwachsene Tiere fast ausschließlich ernähren. Der Körper der Dorschfische ist mit kleinen glatten Schuppen bedeckt, die tief in die Haut eingewachsen sind. Die Bauchflossen sind verhältnismässig klein und bis zur Kehle gerückt. Ein weiteres interessantes Merkmal ist die Beschaffenheit des Verdauungssystems. Dorschfische haben einen großen Magen mit einer Reihe von Blindschläuchen, den sog. Pylorusblindsäckchen, die eine unterstützende Funktion bei der Verdauung erfüllen.

Eine ausgefallene Art stellt der Polardorsch (*Boreogadus saida*) dar, der auch in eiskalten Arktisgewässern leben kann, von den oberen, mit Eisschollen bedeckten Wasserschichten, bis hin zu den Tiefen von mehr als 700 m. Er laicht bei einer Wassertemperatur von 0°C.

155

156

Leng [156] (*Molva molva*) *ORDNUNG: DORSCHARTIGE*

Der Leng besitzt einen langgestreckten, aalförmigen Körper mit einem großen flachen Kopf und einem langen, unverzweigten Bartfaden am Kinn. Er kommt im nordöstlichen Atlantik von Norwegen über Island und die Faröer bis zum Golf von Biscaya vor. Er lebt in Tiefen von 100–600 m und erreicht gewöhnlich eine Länge von 90 cm. In Ausnahmefällen werden 1,8 m lange und 30 kg schwere Exemplare gefangen. Die erwachsenen Fische sind braungrün marmoriert, die Jungfische sind gelblich bis olivfarben, mit hellvioletten Streifen. Der Leng hält sich mit Vorliebe auf felsigem Grund auf, wo er sich zwischen Steinen verbirgt. Er laicht je nach Region zwischen April und Juni. Die Wassertemperatur beträgt in dieser Zeit 4–10 °C. Die Laichplätze befinden sich an der Südküste von Island in einer Tiefe von 100–300 und in der Küstenzone von Skandinavien bis zum Golf von Biscaya in einer Tiefe von 200 m. Ein erwachsenes Weibchen legt 20–60 Millionen Eier ab, deren Durchmesser etwa 1 mm beträgt. Der Leng lebt räuberisch und ernährt sich vornehmlich von Fischen – verschiedenen Dorscharten und Plattfischen – aber auch von Seeigeln, Kofferfischen und Kalmaren. Als Nutzfisch ist er vor allem in Norwegen von großer Bedeutung. In der Nordsee lebt eine verwandte Art, der Blauleng *(Molva dipterygia)*, der 1,5 m lang wird und auf sandigem Grund in Tiefen bis zu 1500 m lebt. Eine seiner Unterarten, *M. dipterygia macrophthalma*, lebt in den wärmeren Gewässern des Mittelmeers.

Dreistachliger Stichling [157] (*Gasterosteus aculeatus*) *ORDNUNG: STICHLINGSFISCHE*

Die Stichlinge (Gasterosteidae) sind kleine Fische aus der Ordnung Stichlingsartige, die vor der Rückenflosse mehrere scharfe Stachel tragen. Der Dreistachlige Stichling gehört einer der beiden Gattungen an, die vorwiegend in Süßwasser leben. Drei weitere Gattungen dieser Ordnung sind Meeresbewohner. Der Dreistachlige Stichling hat einen langgestreckten, seitlich abgeflachten Körper, eine zugespitzte Schnauze und ein kleines Maul. In der Laichzeit sind Kehle und Bauch der Männchen auffallend rot gefärbt. Der Fisch tritt in ganz Europa in Binnengewässern auf, man kann ihm auch in Brackwasser begegnen. Er wird 5–8 cm lang. Die in Küstennähe lebenden Populationen können eine Länge von 11 cm erreichen. Die Laichzeit verläuft von März bis Juli. Das Männchen (auf Foto 157 oben und unten) baut am Grund ein Nest aus Pflanzenfasern und einem klebrigen Nierensekret, in das eines oder mehrere Weibchen die Eier ablegen (auf dem Foto in der Mitte). Nach der Befruchtung bewacht das Männchen das Nest und die frisch geschlüpften Jungen. Ein Weibchen kann bis zu 450 Eier ablegen. Die Stichlinge leben von Würmern, kleinen Krebsen, Insektenlarven und Fischbrut.

157

Seepferdchen [158] (*Hippocampus spec.*)

ORDNUNG: STICHLINGSFISCHE

Die Seepferdchen gehören zu den sehr beliebten Fischen. Viele Menschen ahnen nicht einmal, dass sie Fische sind, denn sie weisen deren charakteristische Merkmale nicht auf. Die Schwanzflosse fehlt und der Schwanz ist zu einem Organ umgebildet, das sich um Stützen windet. Der Kopf mit der gestreckten Schnauze ähnelt im Profil einem Pferdekopf und sitzt dem Körper fast im rechten Winkel auf. Seepferdchen sind keine guten Schwimmer, obwohl auch sie eine Schwimmblase besitzen. Sie bewegen sich einerseits durch „Sprünge" fort, wobei sie mit dem Schwanz oft Wasserpflanzen umwinden und sich so festhalten. Sie schwimmen in senkrechter Haltung. Die Bewegung wird durch wellenförmige Schwingungen der Rückenflosse ermöglicht. Der Körper, besonders Kopf und Rücken, ist mit unterschiedlich dünnen, faserförmigen Ausläufern bedeckt. Am häufigsten kann man den Seepferdchen in Küstengewässern begegnen, wo sie sich in dichten Beständen von Wasserpflanzen verbergen. Stellenweise treten diese anmutigen Tierchen in verhältnismäßig großen Zahlen auf und man stellt aus ihnen präparierte Souvenirs her. Die meisten Seepferdchenarten sind 10–15 cm lang. Wegen ihrer anmutigen Erscheinung werden sie in Seewasseraquarien gehalten, obwohl ihre Zucht recht aufwendig ist.

Obwohl man allgemein über Seepferdchen und Seenadeln spricht, gibt es etwa 17 Seenadel-Arten, größtenteils der Gattung *Microphis*, die sich in Süßgewässern, vor allem in Bächen und Seen ansiedelten. Mindestens weitere 35 Arten leben in Brackwasser. Seenadeln und Seepferdchen sind meist in tropischen Meeren verbreitet.

158

Hippocampus erectus [159]

Die Gattung *Hippocampus* umfasst mehr als 20 Arten, zu denen auch *Hippocampus erectus* gehört. Sein Körper ist mit einem festen Hautpanzer bedeckt, der aus mehreren Dutzend in Reihen angeordneten Plättchen besteht. Die Augen der Seepferdchen können sich unabhängig voneinander bewegen. Die Schnauze ist lang, röhrenförmig. Interessant ist die Fortpflanzungsweise. Ähnlich wie bei den Stichlingen treibt das Männchen Brutpflege, jedoch auf etwas eigenartige Weise. Dem eigentlichen Laichakt gehen komplizierte Liebesspiele und -tänze voran. Schließlich legt das Weibchen die Eier mit Hilfe einer Legeröhre in eine am Bauch des Männchens befindliche Bruttasche ab (Foto 159), womit seine Sorge für die Nachkommenschaft endet. So wird das Männchen sozusagen „trächtig" und fächelt der Bruttasche während der Entwicklung des befruchteten Rogens, die bis zu 6 Wochen dauern kann, frisches Wasser zu. Es „gebiert" dann die vollständig entwickelten Jungen unter besonderen, pendelnden Bewegungen. Die Hauptnahrung der Seepferdchen bilden Planktontiere, kleine Schalentiere und Fischbrut.

Die Seepferdchen-Zucht erfordert ein großes Seeaquarium mit einer Fülle von Pflanzen und Zweigen, an denen sich diese schönen Fische mit deren Schwänzchen festhalten könnten. Die erfahrenen Aquarianer empfehlen, sie nicht zusammen mit andleren Fisch-Arten zu züchten, da die Seepferdchen verhältnismäßig langsam sind und lebende Nahrung nur zögernd einnehmen. Der Übergang der aus der freien Natur eingeführten Exemplare auf die Ersatznahrung wird in der Regel ziemlich kompliziert.

159

Kuda-Seepferdchen [160] (*Hippocampus kuda*)

ORDNUNG: STICHLINGSFISCHE

160

Das Kuda-Seepferdchen, die größte Seepferdchenart, erreicht eine Länge von 32 cm. Es lebt im Pazifischen und Indischen Ozean, an der Küste Südafrikas und an der Ostküste Australiens im Gebiet von Queensland. Es existieren unglaublich viele Farbvarietäten, von Gelb bis fast Schwarz. Von den anderen Arten bewohnt das Japanische Seepferdchen *(Hippocampus japonicus)* das Japanische und Ostchinesische Meer. Es gehört zu den kleinsten Arten und wird nicht länger als 6 cm. Nur etwas größer ist das *Hippocampus breviceps* aus den Küstengebieten Westaustraliens. Häufig tritt das bekannte Krönchenseepferdchen *(Hippocampus coronatus)* aus der indopazifischen Region auf. Die Männchen dieser Art tragen ein Knochenkrönchen auf dem Kopf. Als kleinstes unter den bekannten Seepferdchen gilt das Zwergseepferdchen *H. zosterae*, das im Golf von Mexiko sowie in der Umgebung von Florida, Kuba und der Bermuden lebt. Einige Seepferdchen Arten wie z.B. das Kurzschnauzige (*Hippocampus hippocampus*) und das Langschnauzige Seepferdchen (*H. hutulatus*) pflanzen sich in Aquarien fort, es ist jedoch nicht leicht die geschlüpften Jungen aufzuziehen.

Hippocampus abdominalis [161]

ORDNUNG: STICHLINGSFISCHE

Dieses neuseeländische Seepferdchen besitzt die einzigartige Fähigkeit, nicht nur Elemente aus seiner Umgebung nachzuahmen, sondern sich auch farblich anderen Seepferdchenarten anzupassen. Es ahmt z.B. die Flecken von *H. breviceps* oder die auffallende orangegelbe Färbung von *H. reidi* nach. Leider gehört es zu den 12 Seepferdchenarten, die von allen 35 bekannten Arten durch den Menschen am meisten bedroht werden. Foto 161 zeigt ein „trächtiges" Männchen mit einer großen, weißlichen Bruttasche am Ende des Bauches.

Gestreifter Fetzenfisch [162] (*Phyllopteryx taeniolatus*) ORDNUNG: STICHLINGSFISCHE

Dieses besonders bizarr wirkende Seepferdchen lebt im Tang und an den Korallenriffen an der Südküste von Australien. Mit seiner Körperform und verschiedenen Anhängseln ahmt es Meerespflanzen nach und lässt sich kaum von seiner Umgebung unterscheiden. Wegen seines ungewöhnlichen Aussehens wird es in den letzten Jahren immer häufiger in Aquarien zur Schau gestellt. Seine Haltung ist nicht mehr so schwierig wie früher, das größte Problem ist, die vom Männchen „geborenen" Jungen am Leben zu erhalten, was generell für die Zucht aller Seepferdchen- und Nadelarten gilt. Über Seepferdchen sind zahlreiche abergläubische Vorstellungen in Umlauf, besonders unter den Fischern. Sie behaupten z.B., dass Raubfische die Seepferdchen nicht jagen, weil ihr Fleisch eine besondere Wirkung ausüben würde. Nicht zuletzt deshalb werden Seepferdchen mancherorts getrocknet und zu einem Pulver zerrieben als Wunderheilmittel verkauft.

161

162

163

Lanzenfisch [163] (*Doryrhamphus dactiliophorus*) *ORDNUNG: STICHLINGSFISCHE*

Der Lanzenfisch erreicht eine Länge von etwa 20 cm. Sein langer, schlanker Körper ist quergestreift, die kleine Schwanzflosse ist rot, weiß gesäumt und sieht aus wie ein Fähnchen. Die Rückenflosse fehlt. Der Fisch lebt einsiedlerisch, in Paaren oder auch in kleinen Gruppen im westlichen Pazifischen Ozean an Felsen und Korallenriffen in einer Tiefe von 1–50 m. Er ist ein Raubfisch. Seine Beute besteht hauptsächlich aus kleinen Krebsen und Fischbrut. Der Körper ist mit einem Knochenpanzer bedeckt, der die Funktion eines äußeren Skeletts erfüllt.

Große Seenadel [164] (*Syngnathus acus*) *ORDNUNG: STICHLINGSFISCHE*

Wie alle Seenadeln besitzt auch diese Art einen sehr langgestreckten, schlanken Körper. Sie kann eine Länge von 50 cm erreichen. Der Hautpanzer besteht aus mehr als 20 Knochenringen zwischen dem Kopf und der Rückenflosse. Der Körper ist bräunlich gefärbt, manchmal schimmert er grünlich. Die Bauchseite ist heller. Am ganzen Körper befinden sich undeutliche dunklere Querbänder. Die Große Seenadel ist im nordöstlichen Teil des Atlantischen Ozeans von der Westküste Großbritanniens bis zum Golf von Biscaya verbreitet. Sie lebt auch im Ärmelkanal und im südlichen Teil der Nordsee.

Commerson-Flötenfisch [165] (*Fistularia commersoni*) *ORDNUNG: STICHLINGSFISCHE*

Eine der längsten Seenadeln ist der Pfeifenfisch. Er bewohnt den Indischen und Pazifischen Ozean. Seine Länge beträgt bis zu 150 cm. Der langgestreckte, schlanke Körper ist vollkommen glatt, ohne Auswüchse oder Stacheln. In der Mitte der tief gabelförmig ausgerandeten Schwanzflosse befindet sich ein auffallend verlängerter Strahl. Die Schnauze ist lang und massiv. Der Pfeifenfisch tritt in Küstengewässern und auch in größeren Tiefen auf.

164

165

166

Schultz-Seenadel [166] (*Corythoichthys schultzi*)

ORDNUNG: BÜSCHELKIEMER

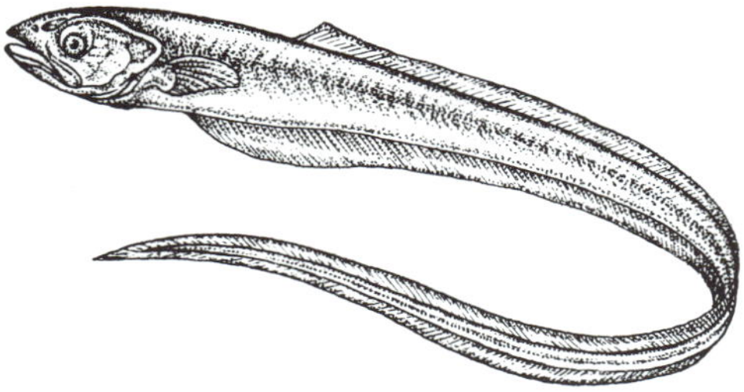

Der Nadelfisch *(Carapus acus)* hat mit den Seenadeln und Seepferdchen nichts gemein. Er gehört zur Verwandschaft der Dorschartigen und lebt parasitisch in der Leibeshöhle von Seegurken (Holothurioida) von deren Eingeweiden er sich ernährt.

Diese Seenadel bewohnt die Korallenriffe des Indischen und Pazifischen Ozeans. Sie erreicht eine Länge von 13–16 cm und zeichnet sich durch eine gegen den Körper verschmälerte Schnauze und hervortretende Augen aus. Sie hält sich in seichtem Wasser an Korallenriffen auf und ernährt sich von kleinen Krebsen und Fischbrut. Im Unterschied zu anderen Arten ist ihre Färbung ziemlich unauffällig – braun bis grau mit gelben Flecken – so dass sie sich in den hellen Korallenstöcken kaum von seiner Umgebung unterscheidet. Ähnlich wie bei den Seepferdchen sorgen auch bei den Seenadeln die Männchen für die Nachkommenschaft. Dazu dient ihnen eine aus einem Hautwulst gebildete Bruttasche auf dem Bauch oder am Ansatz des Schwanzes, in der sich die befruchteten Eier entwickeln. Bei einem komplizierten Liebesspiel umschlingt das Weibchen das Männchen und legt die Eier in kleinen Portionen in die offene Bruttasche ab. Dort schlüpfen die bereits selbstständigen Jungen. Die Bruttasche dient ihnen noch eine Zeit lang als Unterschlupf.

Schnepfenfisch [167] (*Macrorhamphosus scolopax*)

Nahe verwandt mit den Seepferdchen und Seenadeln sind die Schnepfenmesserfische aus den Familien Centriscidae und Macrorhamphosidae, zu denen die Gattungen *Centricus, Macrorhamphosus* und *Aeoliscus* gehören. Sie besitzen einen hohen, seitlich abgeflachten Körper und eine charakteristische, lange, röhrenförmige Schnauze, an deren Ende sich das kleine, zahnlose Maul befindet. Die Schnauze dient als Pipette zum Aufsaugen der Nahrung. Bei jungen Exemplaren ist sie kurz und dick, erst im Laufe des Wachstums verlängert und verengt sie sich allmählich. Der Schnepfenfisch tritt im nordöstlichen Teil des Atlantischen Ozeans, aber auch im Japanischen und Ostchinesischen Meer auf. Er wird höchstens 17 cm lang und lebt auf Sandgründen in einer Tiefe von 20–150 m. Bei der Nahrungssuche hält er sich über dem Grund, mit der Schnauze senkrecht nach unten gerichtet. Er ernährt sich von Plankton und kleinen Bodentieren.

Es sind sehr interessante Fische. Schnepfenfische aus der Familie Centriscidae erinnern z.B. durch ihre gestreckte Körperform an eine Seenadel, durch das Schwimmen mit dem Kopf nach unten an einen Gebänderten Kopfsteher (*Leporinus fasciatus*). Die Lage,die sie ihr ganzes Leben lang einnehmen, hat dazu geführt, dass ihre Schwanzflosse bis auf die Bauchseite verschoben ist. Da, wo die Mehrzahl der Fische die Schwanzflosse haben, trägt der Kopfsteher drei Rückenflossenstrahlen, der erste davon in Richtung der Körper-Rückenlinie gestreckt. Es sieht so aus, als ob der Schnepfenfisch überhaupt keine Rückenflosse hätte, dafür jedoch zwei Afterflossen. Der Körper von Schnepfenfischen ist schuppenlos, mit Knochenplättchen bedeckt, die Seitenlinie fehlt. Über die Fortpflanzung dieser Fische ist nicht viel bekannt, man weiß nur, dass der Rogen nach der Befruchtung frei im Wasser schwebt. Manche Schnepfenfische bilden in freier Wildbahn Schwärme, die auch Hunderte Tiere zählen können.

167

168

Ein mittelgroßer
Petersfisch oder **Heringskönig** [168]
(*Zeus faber*).

Kapitel 11

INS AQUARIUM UND INS NETZ

Die Vertreter der Petersfischartigen (Zeiformes) und Schleimköpfe (Beryciformes) sind nicht allzu bekannte Meeresbewohner. Die größten Familien der Petersfischartigen stellen die Petersfische (Zeidae) mit 50 Arten und die Eberfische (Caproidae) mit 10 Arten dar. Die Angehörigen weiterer drei Familien sind wenig bekannte Tiefseefische. Typische Merkmale der ganzen Ordnung sind ein seitlich abgeflachter, ovaler Körper und große, hervortretende Augen. Im vorderen Teil der Rücken- und Afterflosse befinden sich bei den meisten Petersfischen kräftige, stark verlängerte, stachelartige Strahlen. Das Maul ist breit, so dass die Fische ihre Kiefer weit öffnen und die Beute im ganzen verschlingen können.

Die Schleimköpfe umfassen mehr als 140 Seefischarten, die in 15 Familien eingeordnet werden. Sie zeichnen sich durch einen hochrückigen Körper, große Augen und stachelige Flossen aus. Manche Arten erinnern an Barsche. Die größte Gruppe der Schleimköpfe sind die Soldatenfische (Holocentridae), die große Augen besitzen und in der Regel rot gefärbt sind. Sie haben eine auffallend lange Rückenflosse mit einer Reihe von kräftigen, stacheligen Strahlen. Auch an den Bauchflossen befinden sich Stacheln. Der Körper ist mit großen, rauhen Schuppen bedeckt. Die meisten Soldatenfische sind nachtaktiv. Sie bewohnen flache Küstengewässer und verbergen sich tagsüber in Spalten oder zwischen verzweigten Korallenskeletten. Die erwachsenen Tiere leben am Grund, die jüngeren halten sich in der Nähe der Oberfläche auf. Manche Arten erzeugen mit Hilfe der Schwimmblase laute Töne.

Die Unterordnung Zahnkarpfen (Cyprinodontoidei) umfasst kleine Fische aus den südamerikanischen, südeuropäischen, südasiatischen und afrikanischen Binnengewässern. Viele von ihnen sind beliebte Aquarienfische, denn sie zeichnen sich durch ein prachtvolles, buntes Farbkleid aus. Zu dieser Unterordnung gehören die Eierlegenden Zahnkarpfen und Killifische sowie die populären Lebendgebärenden Zahnkarpfen und die Schwertträger. Einige Zahnkarpfenarten haben sich dem Austrocknen der Gewässer angepasst, in dem die erwachsenen Fische absterben und nur die befruchteten Eier die Trockenperiode überleben. Viele Zoologen reihen die Zahnkarpfen mit den Hornhechten (Belonidae) in eine Ordnung, die Ährenfischartigen (Atheriniformes) ein. Die eigentlichen Meeräschenartigen werden in Pfeilhechte (Sphyraenidae), Meeräschen (Mugilidae), Ährenfische (Atherinidae) und Regenbogenfische (Melanotaeniidae) unterteilt. Die Familie der Meeräschenartigen umfasst mehr als 100 Arten, die in allen Ozeanen der Welt verbreitet sind. Sie sind alle von großer wirtschaftlicher Bedeutung. Zu den Pfeilhechten gehören etwa 20 Arten, vor allem der gefürchtete Barracuda. Die Ährenfische und Regenbogenfische umfassen zu guter Letzt etwa 200 Arten kleiner, schlanker Süßwasser- und Seefische aus der gemäßigten und tropischen Zone.

Heringskönig [168] (*Zeus faber*)

ORDNUNG: PETERSFISCHARTIGE

Der Heringskönig gehört im Mittelmeer zu den sehr geschätzten Fischen. Er wird 70 cm lang und sein Fleisch ist schmackhaft. Er besitzt einen hochrückigen, seitlich abgeflachten Körper und einen großen Kopf. Die Strahlen des vorderen Teils der Rückenflosse sind auf charakteristische Weise durch häutige Fransen verlängert. Neben dem Mittelmeer bewohnt diese Art auch die westafrikanische Küste bis nach Südafrika. Sie tritt auch in der Umgebung der Kanarischen Inseln und Azoren auf und reicht bis Südengland, wo sie im Sommer laicht. Nach dem Ablaichen wandert ein Teil der erwachsenen Fische durch den Ärmelkanal bis zur skandinavischen Küste. Der Heringskönig ist ein schneller Schwimmer, der Fische, vor allem aber Kalmare und andere Tintenfische jagt.

169

Tannenzapfenfisch [169] (*Monocentris reedi*) ORDNUNG: SCHLEIMKOPFARTIGE

Der Tannenzapfenfisch ist ein etwa 15 cm langer Fisch von recht bizarrem Aussehen. Er besitzt einen hochrückigen, ovalen Körper, der mit einem Panzer aus dicken, sich überdeckenden Schuppen versehen ist, deren Struktur an Tannenzapfen erinnert. Die

170

Stacheln in der Rückenflosse sind frei. Im Unterschied zu anderen Arten der Gattung weist er keine dunklen Flecken mit Leuchtorganen am Unterkiefer auf. Der Fisch wird im südöstlichen Pazifischen Ozean gefangen.

Eberfisch [170] (*Capros aper*) *ORDNUNG: PETERSFISCHARTIGE*

Ahnlich wie andere Arten dieser Gattung besitzt der Eberfisch einen hochrückigen, abgeflachten Körper, der mit fein gekerbten Schuppen bedeckt ist, so dass er sich rauh anfühlt. Seine Länge beträgt 10–15 cm. Er lebt in Tiefen von 100 bis 400 m und ernährt sich von Krabben, Würmern udnd Weichtieren. Die Laichzeit fällt in den Sommer, der befruchtete Rogen schwebt frei an der Oberfläche bis die Jungen schlüpfen. Die Art ist im östlichen Teil des Atlantischen Ozeans von Irland bis zu den Küsten Senegals verbreitet.

Streifenhechtling [171] (*Aplocheilus lineatus*) *ORDNUNG: ZAHNKARPFEN*

Der Streifenhechtling ist eine robuste Zahnkarpfenart, die eine Länge von 12 cm erreicht. Er ist in Indien, (Umgebung von Bombay, Malabar, Madras) und Sri Lanka beheimatet. Er lebt nahe an der Oberfläche und in mittleren Wasserschichten. Die Weibchen sind kleiner und weniger bunt gefärbt, ihre schwarze Zeichnung ist jedoch markanter. Die Männchen sind rauflustig und suchen Streit miteinander und auch mit anderen, gleichgroßen oder kleineren Fischen. Die Art gehört zu den beliebten Aquarienfischen. Foto 171 zeigt ein Paar der goldroten Form, unten das Weibchen.

171

172

Stahlblauer Prachtkärpfling [172] (*Aphyosemion gardneri*) ORDNUNG: ZAHNKARPFEN

Ursprünglich stammt diese schön gefärbte Art aus Afrika, wo sie die Flüsse Nigerias und Kameruns von den Regenwäldern bis zu den Savannen bewohnt. Sie erreicht eine Länge von 6 cm. Die Männchen sind sehr bunt gefärbt. Der Körper zeigt einen metallisch glänzenden blauen bis blaugrünen Schimmer, Rücken-, After- und Schwanzflosse weisen einen roten Streifen auf, die Flossen sind sattgelb gesäumt. Am ganzen Körper finden sich rote Flecken und Tupfen. Die Weibchen sind weniger auffällig gefärbt und kleiner. Die Fische bevorzugen ruhige, von Vegetation bedeckte Stellen. Die Männchen greifen einander und andere Fische an. Sie ernähren sich von kleinen wirbellosen Tieren wie Planktonkrebsen, Würmern und Insektenlarven. Wegen ihrer Schönheit werden sie häufig in Auqarien gehalten.

Schwarzbandkärpfling [173] (*Poecilia nigrofasciata*)

ORDNUNG: ZAHNKARPFEN

Der Schwarzbandkärpfling gehört zu den Lebendgebärenden Zahnkarpfen und weist einen Geschlechtsdimorphismus auf. Die Männchen sind kleiner als die Weibchen und ihre Afterflosse ist in ein Paarungsorgan, das Gonopodium, umgewandelt. Die Weibchen gebären einige male im Jahr lebende Junge. Die Männchen sind höchstens 5 cm lang, die Weibchen bis zu 8 cm. Die Grundfarbe des Körpers ist dunkelbraun. Am Schwanz und auf der Rückenflosse befinden sich schwarze Querstreifen. Das Männchen trägt unten auf dem Schwanzstiel einen orangenfarbenen Kiel (Foto 173 unten). Der Schwarzbandkärpfling stammt von Haiti, wo er kleinere Flüsse und Tümpel bewohnt. Er ernährt sich von Insektenlarven und auch Grünalgen. Das Weibchen bringt in einem Wurf bis zu 30 große Junge zur Welt, die es nicht verfolgt. Im Aquarium ist die Art verhältnismäßig verträglich.

173

174

Banderolenkärpfling [174] (*Xenotoca eiseni*) *ORDNUNG: ZAHNKARPFEN*

Dieser Zahnkarpfen stammt aus dem Hochland von Mexiko. Die Grundfarbe des Körpers ist bräunlich, entlang der Seitenlinie verläuft ein breites schwarzes Band, der Schwanzstiel ist rot. Die Männchen werden 6 cm lang und sind bunter gefärbt als die 7 cm langen Weibchen. Die Fische gehören zu den friedlichen Arten, auch wenn sie anderen Fischen im gemeinsamen Aquarium manchmal die Flossen anbeißen. Sie leben von kleinen wirbellosen Tieren und auch von pflanzlicher Nahrung. Die Trächtigkeit dauert 6 Wochen, die Weibchen gebären bis zu 45 Junge. Die Banderolenkärpflinge erfordern ein geräumiges, reich mit Vegetation bepflantes Aquarium (wenigstens 80 l).

Mexiko ist auch die Heimat einer verwandten Art, des Goldschuppenkärpflings (*Xenotoca variata*), von ungefähr derselben Länge und ähnlicher Färbung wie die vorhergehende Art. Es fehlt jedoch der rote Fleck am Schwanz. Statt dessen ist die Schwanzflosse gelb gesäumt. Die Trächtigkeit dauert 8 Wochen und das Weibchen kann bis zu 30 Junge gebären. Auch diese Fische sind Allesfresser und weiden im Aquarium bei Nahrungsmangel die Wasserpflanzen ab.

Guppy [175] (*Poecilia reticulata*) *ORDNUNG: ZAHNKARPFEN*

Der Guppy ist der beliebteste Aquarienfisch. Er ist in den kleinen Flüssen und Bächen von Venezuela, Guyana, Trinidad, Nordbrasilien und Barbados beheimatet. Die Weibchen erreichen eine Länge von 6 cm, die Männchen nur von 3 cm, sie sind aber prächtig gefärbt. Ein ungewöhnliches Aussehen verleiht ihnen die vergrößerte Rücken- und die schleierartige Schwanzflosse in Regenbogenfarben. Die Aquarianer haben eine Reihe von Farbmutationen herausgezüchtet, mit denen sie auf speziellen Ausstellungen Wettbewerbe veranstalten. Die Trächtigkeitsdauer hängt von der Wassertemperatur ab und beträgt 22 bis 25 Tage, wobei eine Befruchtung für 2–3 Würfe ausreicht. Die Nahrung besteht aus Planktonkrebsen, Insektenlarven, Algen und Pflanzenteilen. Im Aquarium sind sie vollkommen anspruchslos.

175

176

Schwertträger [176] (*Xiphophorus helleri*) ORDNUNG: ZAHNKARPFEN

Schematische Darstellung des Unterschiedes zwischen Männchen und Weibchen des Schwertträgers (*Xiphophorus helleri*).

Auch der Schwertträger ist ein beliebter Aquarienfisch. Er zeichnet sich durch große Veränderlichkeit in Form und Farbe aus. Die ursprüngliche, natürliche Form ist grün gefärbt. Sie stammt aus Guatemala und Südmexiko. Die Weibchen sind 12, die Männchen 8 cm lang. Ein typisches Merkmal der Schwertträger ist der schwertartige Auswuchs der Männchen. Es handelt sich im Grunde um einen Ausläufer des unteren Teils der Schwanzflosse. Die Art lebt in Schwärmen. Die Männchen sind streitsüchtig, manchmal greifen sie einander an. Als Nahrung dienen ihnen kleine wirbellose Tiere – Hüpferlinge, Wasserflöhe, Mücken- und Schwarzmückenlarven – aber auch Algen und Pflanzenteile.

Schwertträger, Zuchtform **Roter Schwertträger** [177] (*Xiphophorus helleri*)

ORDNUNG: ZAHNKARPFEN

Der Rote Schwertträger ist eine Zuchtform der ursprünglichen Art, die durch Kreuzung mit anderen künstlich herausgezüchteten Formen entstanden ist. Rücken,

Kopf und Bauch sind rot gefärbt, die Seiten sind schwarz und prächtig silbergrünschillernd. Die Afterflosse des Männchens ist in ein Paarungsorgan, das sog. Gonopodium, umgewandelt. Das Weibchen gebiert bis zu 250 lebende Junge, die gleich nach der Geburt fähig sind, selbstständig zu leben. Eine Paarung genügt zur Befruchtung der Eier für mehrere Würfe. Dank seiner Variabilität hat der Schwertträger nicht nur das Interesse der Aquarianer sondern auch der Genetiker erregt, denn seine Haltung ist einfach und er vermehrt sich rasch. Die Nahrungsansprüche der Zuchtform unterscheiden sich nicht von denen der ursprünglichen Art – sie sind Allesfresser.

177

178

Veränderlicher Spiegelkärpfling oder **Papageien-Platy,**
Zuchtform **Tuxedo-Simpson** [178] (*Xiphophorus variatus*) *ORDNUNG: ZAHNKARPFEN*

Diese Art ist in den Flüssen Mexikos beheimatet. Die Männchen tragen kein schwertförmiges Gebilde am unteren Teil der Schwanzflosse. Sie sind kleiner als die Weibchen und werden höchstens 5,5 cm lang, während die Weibchen bis zu 8 cm messen können. In bezug auf Form und Färbung weist der Fisch eine große Variabilität auf und kreuzt sich mit allen Arten der Gattung *Xiphophorus*. Deshalb ist es den Aquarianern gelungen, zahlreiche, oft eigentümliche Formen herauszuzüchten. Zu den schönsten gehören der sog. Papageien-Platy und der leuchtend rotorange- und kontrastgelbfarbene Merigold-Platy. Im Aquarium ist der Veränderliche Spiegelkärpfling friedfertig und anspruchslos.

Regenbogenfisch [179] (*Melanotaenia boesemani*) *ORDNUNG: MEERÄSCHENARTIGE*

Der Regenbogenfisch stammt aus den Zuflüssen des Ajamar-Sees in Neuguinea. Die 10 cm langen Männchen sind größer und bunter gefärbt als die Weibchen. Zur Laichzeit nimmt die vordere Körperhälfte des Männchens eine blaue Färbung an und auf dem Körper erscheinen schwarze Querstreifen. Die Weibchen legen die Eier in dichten Wasserpflanzenbeständen ab. Die Eier sind klein, ihr Durchmesser beträgt nur wenig

179

über 1 mm. Sie sind mit einem Büschel langer Fasern ausgestattet, mit deren Hilfe sie an Pflanzenstengeln und Blättern haften. In tropischen Gewässern schlüpfen die Jungen nach 6 Tagen.

Gestreifte Meeräsche [180] (*Mugil cephalus*) UNTERORDNUNG: MEERÄSCHENARTIGE

Die mehr als 100 Arten umfassenden Meeräschenartigen sind in allen Ozeanen und Meeren der Welt verbreitet. Sie treten auch im Brackwasser von Flussmündungen auf. Die Nahrung zermalmen sie mit Hilfe der Schlundzähne und filtrieren das Wasser durch das dichte Netz der Kiemenstäbchen. Sie leben vor allem von Blau- und Grünalgen, Plankton und Kieselalgen. Die Gestreifte Meeräsche kommt in allen wärmeren Meeren vor. Sie erreicht eine Länge von 70–100 cm und ein Gewicht von 8 kg. Die Weibchen können bis zu 7 Millionen Eier produzieren. Sie enthalten Öltropfen und schweben deshalb frei an der Oberfläche. Gesalzener Meeräschenrogen wird als billigerer Kaviar verkauft. Auch das schmackhafte Fleisch wird geschätzt.

180

Roter Eichhörnchenfisch [181] (*Myripristis murdjan*)

ORDNUNG: SCHLEIMKÖPFE

181

Die Riffhörnchenfische aus der Ordnung der Schleimköpfe erinnern auf den ersten Blick an barschartige Fische. Meist sind sie rot gefärbt und weisen einen Längsstreifen am Körper auf. Der Rote Eichhörnchenfisch ist in den tropischen Teilen des Pazifischen und Indischen Ozeans und im Roten Meer verbreitet. Seine Länge beträgt maximal 30 cm. Er hält sich in Küstennähe bis in eine Tiefe von 30 m auf, häufig an Korallenriffen und verbirgt sich in dunklen Verstecken. Von seinem ausgezeichneten Sehvermögen zeugen die großen Augen. Der Fisch lebt räuberisch und ernährt sich von Krabben, Krevetten und kleineren Fischen.

Diademhusar [182, 183] (*Sargocentron spiniferum*)

ORDNUNG: SCHLEIMKÖPFE

182

Der Diademhusar bewohnt Klippenküsten und Korallenriffe im westlichen Teil des Pazifischen und Indischen Ozeans und im Roten Meer, die Küste Südafrikas, der Hawaii- und Gesellschaftsinseln sowie Nordaustraliens. Seine Länge beträgt 40 cm. Der ganze Körper ist orangerot gefärbt, nur die Flossen sind gelb. Die jungen Exemplare wurden fälschlich als *Holocentrus andamanensis* beschrieben. Zu den zahlreichsten Riffhörnchenfischen gehört der Soldatenfisch *(S. diadema)*, der den Indischen Ozean, einschließlich des Roten Meeres und des Pazifischen Ozeans bewohnt.

183

184

Soldatenfisch [184] (*Myripristis jacobus*) ORDNUNG: SCHLEIMKÖPFE

Die Art stammt aus dem karibischen Gebiet; sie bewohnt auch die Umgebung von Florida und reicht im Süden bis in die Küstengewässer Brasiliens. Sie wird 15 cm lang. Der Fisch ist nachtaktiv, dank seiner großen Augen genügt ihm sehr schwaches Licht zur Orientierung. Den größten Teil des Tages verbringt er am Grund. Taucher berichten, dass man ihn mit einem Köder aus seinem Versteck hervorlocken kann. Er ernährt sich von Krebsen und Fischen.

185

186

Orangeroter Soldatenfisch [185] (*Myripristis vittatus*) ORDNUNG: SCHLEIMKÖPFE

Dieser Fisch tritt im Pazifischen und Indischen Ozean auf. Wie die meisten Riffhörnchenfischarten hält er sich tagsüber in Verstecken, Klüften, Spalten und Höhlen von Korallenriffen, auf. Er verfügt über ein ausgezeichnetes Sehvermögen und kann sich im reich gegliederten Terrain der Riffe auch bei niedrigen Lichtintensitäten bewegen. Wie die meisten Riffhörnchenfische ernährt er sich von Krabben, Krevetten, Langusten und von kleinen Fischen. Einige Riffhörnchenfischarten, so der Kardinal-Soldatenfisch *(Plectrypops retrospinis)* haben sich auf Planktonkrebse spezialisiert.

Barracuda [186] (*Sphyraena barracuda*) ORDNUNG: MEERÄSCHENARTIGE

Der Barracuda ist eine der 20 Arten der Gattung *Sphyraena*. Er lebt vor allem an der Küste der Kleinen Antillen, Kubas und auch Westindiens und Brasiliens. Seine Länge beträgt bis zu 2,5 m. Er gehört zu den gefürchtetsten Seefischen. Auffallend sind seine langen Kiefer mit den mächtigen, gebogenen Zähnen. Er ist sehr raubgierig und dafür bekannt, dass er manchmal auch badende Menschen überfällt und sie tödlich verletzen kann. Die Barracudas sind umso gefährlicher, als sie in Schwärmen auftreten. Trotz ihres schlechten Rufes sind sie gerade wegen ihrer Raubgier und Angriffslust bei den Sportfischern beliebt. Sie leben von anderen Fischen.

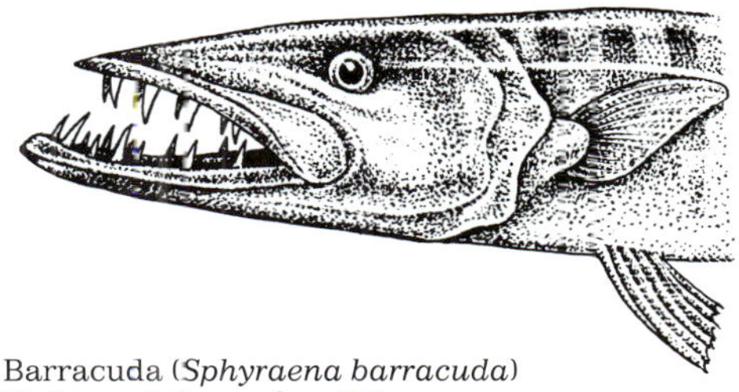

Die Hauptwaffe des Barracuda (*Sphyraena barracuda*) sind die mächtigen Kiefer und die großen Zähne.

187
Seewolf [187] (*Anarrhichas lupus*)

Kapitel 12

STACHELIGE BRÜDER

Die artenreichste Fischordnung sind die Barschartigen (Perciformes). Sie umfasst 150 Familien mit mehr als 6880 Arten. Es handelt sich um eine entwicklungsgeschichtlich junge, aber offensichtlich erfolgreiche Ordnung. Ihre ersten Vertreter erschienen im Mesozoikum, in der Kreidezeit. Seither hat sich die Ordnung sehr rasch entwickelt und heute kann man den ihr angehörenden Arten in allen Gewässertypen begegnen – in Meeren und Ozeanen, Lagunen, an Korallenriffen, in Brackwasser, Flüssen, Seen, Bächen, Tümpeln, Sümpfen, ja sogar in Mineralquellen. In Zusammenhang mit der ungeheuren Mannigfaltigkeit der Umweltbedingungen, unter denen die einzelnen Familien und Arten leben, lässt sich bei den Barschartigen eine große Veränderlichkeit in bezug auf Körperbau, Färbung und Lebensweise beobachten. Die meisten Meeresarten suchen Küstengewässer auf.

Zu den artenreichsten Gruppen gehören die Meeresgrundeln (Gobiidae) mit mehr als 800 Arten, die Buntbarsche (Cichlidae) mit 680 Arten, die Lippfische (Labridae) mit 400, die Zackenbarsche (Seranidae) mit 370 und die Schleimfische (Blenniidae) mit 280 Arten. Die wirtschaftliche Bedeutung der Barschartigen, besonders der Seefische unter ihnen, ist verhältnismäßig groß, wenn man sie auch nicht mit der der Herings-, Dorsch- oder Lachsfischen vergleichen kann. Viele Arten, besonders aus den Familien der Buntbarsche und Labyrinth- oder Kletterfische, gehören zu den beliebtesten Aquarienfischen.

Die Interesse der Aquarianer hat sich im Laufe der Zeit geändert und sie ändert sich immer noch. Vor zwei oder drei Jahrzehnten standen im Mittelpunkt ihres Interesses vor allem Skalare, Buntbarsche und Diskusfische. Heute interessieren sich die Fischzüchter sehr für die Cichliden aus den ostafrikanischen Seen. Diese herrlichen Fische sind nicht nur vom züchterischen Gesichtspunkt interessant, sie sind sogar für die Systematik-Zoologen eine harte Nuss. Die erwähnten Seen im Zentralafrikanischen Graben sind in der geologischen Entwicklung und Evolution verhältnismäßig jung und die darin lebenden Tiere noch jünger. Als Ichthyologen mit einer ausführlichen Erforschung der afrikanischen See-Cichliden begonnen haben, stellten sie fest, dass es kaum möglich ist, in verlässlich voneinander zu unterscheiden. Die Variabilität in Körperbau, Färbung und Genetik der einzelnen Formen ist so groß, dass man auch heute nur schwer bestimmen kann, welcher Art das geprüfte Tier zuordnen ist. Daher sagt man inzwischen, dass diese Seen in bezug auf die Biologie eine Werkstätte der Evolution darstellen und es uns gelungen ist, gerade in dem Augenblick hineinschauen zu dürfen, wo die Natur hier den neuen Arten gerade die endgültige Form der neuen Arten auszuprägen scheint.

Wegen ihrer großen Veränderlichkeit ist es schwierig, typische Merkmale zu finden, die allen Barschartigen gemein sind. Zu nennen wäre das Vorhandensein von zwei oder einer einzelnen, zweigeteilten Rückenflosse(n). Die erste Rückenflosse – bzw. ihr vorderer Teil – besitzt kräftige, stachelige Strahlen. Die Bauchflossen sind in die Nähe des Kopfes gerückt, oft befinden sie sich unmittelbar hinter ihm, manchmal auch vor den Brustflossen. Die Schwimmblase ist bis auf einige Ausnahmen nicht mit dem Schlund verbunden. Ein typisches Merkmal ist der Bau der Ctenoidschuppen. Ihr vorderer Rand, der in der Haut steckt, ist lappig und fingerförmig, der hintere ist abgerundet und charakteristisch gezähnt. Die Oberfläche der Schuppen ist mit Stachelzähnchen bedeckt, so dass sie sich rau anfühlt. Manche Arten, besonders die aus der Familie der Echten Barsche (Percidae), die die gemäßigte Zone der nördlichen Halbkugel bewohnen, sind bei den Sportfischern sehr beliebt. In Europa sind das vor allem die Flussbarsche und Zander, in Nordamerika die Forellenbarsche und Sonnenbarsche der Gattung Lepomis.

188

Queensland-Grouper [188] (*Promicrops lanceolatus*) ORDNUNG: BARSCHARTIGE

Diese Art bewohnt den östlichen Teil des Indischen und Pazifischen Ozeans bis Melanesien sowie die Küste Nordaustraliens. Sie gehört zu den größten Zackenbarschen und erreicht eine Länge von 3,6 m und ein Gewicht von 350 kg. Erwachsene Exemplare sind angriffslustig und können auch dem Menschen gefährlich werden. In manchen Gegenden haben sie einen schlechteren Ruf als die Haie. Die Queensland-Grouper halten sich vor allem in Küstengewässern und auf Sandbänken an Klippenküsten sowie an Korallenriffen auf. Obwohl der Queensland-Grouper eine beachtenswerte Größe erreicht und sein Fleisch schmackhaft ist, hat er keine große Bedeutung für die Fischerei, denn er ist wenig verbreitet.

Brauner Zackenbarsch [189] (*Epinephelus guaza*) ORDNUNG: BARSCHARTIGE

Der Braune Zackenbarsch ist im westlichen Atlantischen Ozean von Guyana bis Brasilien und im östlichen Teil vom Golf von Biscaya bis Südafrika verbreitet. Er lebt einsiedlerisch. Mit Vorliebe hält er sich in Küstennähe an Riffen mit zahlreichen Höhlen und Spalten auf und lebt in Tiefen von bis zu 400 m. Jeder Fisch verteidigt sein Revier und verbringt die meiste Zeit in oder vor seinem Versteck. Er wird 1,5 m lang. Das Laichen erfolgt in den Sommermonaten bei Vollmond. Der Rogen enthält Öl und schwebt deshalb frei an der Oberfläche. Die Nahrung besteht aus Krebsen, Weichtieren sowie anderen Fischen.

Gestreifter Zackenbarsch [190] (*Epinephelus striatus*) ORDNUNG: BARSCCHARTIGE

Dieser 40–70 cm lange Fisch bewohnt den westlichen Teil des Atlantischen Ozeans, von der Ostküste der USA bis Nordbrasilien. In Ausnahmefällen kann er eine Länge von

189

120 cm erreichen. Er tritt vor allem in Küstengewässern bis zu einer Tiefe von maximal 150 m auf. Die jungen Fische leben in Schwärmen, im Laufe des Heranwachsens werden sie jedoch zu Einzelgängern. In besonders großen Zahlen tritt die Art an Korallenriffen im Golf von Mexiko und in den Gewässern der Großen Antillen auf. Sie ernährt sich von wirbellosen Tieren sowie anderen Fischen.

190

191

Juwelenbarsch, Kardinal-Zackenbarsch [191, 192] (*Cephalopolis miniata*)

ORDNUNG: BARSCHARTIGE

Der Juwelenbarsch oder Kardinal-Zackenbarsch ist einer der bekanntesten und am schönsten gefärbten Zackenbarsche (Serranidae). Sein ganzer Körper ist mit blauen Tupfen auf sattrotem Grund übersät. Er tritt verhältnismäßig häufig im Pazifischen und Indischen Ozean vom Roten Meer bis an die australische Küste auf. Seine Länge beträgt 30–40, selten auch 50 cm. Er lebt einsiedlerisch und ist sehr unverträglich, sowohl seinen Artgenossen als auch anderen Fischen gegenüber. Den größten Teil seines Lebens verbirgt er sich in Spalten oder zwischen Korallenstöcken. Er ist sehr raubgierig und bemüht sich, beim Angriff das Überraschungsmoment auszunützen. Flieht die Beute, verfolgt er sie nicht auf größere Entfernung von seinem Versteck. Wegen seines bunten Farbkleids wird er oft in Seewasseraquarien ausgestellt, seine Haltung in Gefangenschaft ist aber nicht leicht, unter anderem wegen seines unverträglichen und aggressiven Wesens. Er lebt von Fischen, Krabben und Schalentieren.

Bei den Zackenbarschen begegnet man einer Erscheinung, die bei Wirbeltieren sehr selten ist, dem Hermaphroditismus, d.h. der Zwitterbildung. Wenn sich beide Geschlechtsdrüsen gleichzeitig entwickeln, kann es zur Selbstbefruchtung kommen, oder ein und derselbe Fisch kann beim allmählichen Reifen der Keimdrüsen in einem bestimmten Alter eine Zeitlang als Weibchen und später als Männchen leben (Proterogynie) oder umgekehrt (Proterandrie).

Das Fleisch der Zackenbarsche wird überall, wo diese Tiere auftreten, sehr geschätzt. Manchmal kann sein Genuss jedoch eine ernste Vergiftung zur Folge haben. Forschungsarbeiten haben bewiesen, dass Vergiftungen durch das Fleisch von Zackenbarschen ebenso wie Vergiftungen nach dem Genuss anderer Fische durch ein Toxin hervorgerufen werden, das Ciguatera genannt wird. In den Fischkörper gelangt das Gift aus bestimmten Blau- und Grünalgen.

192

193

Blauflecken-Zackenbarsch [193] (*Cephalopholis argus*) ORDNUNG: BARSCHARTIGE

Dieser Zackenbarsch ist ähnlich gefärbt wird der Kardinal-Zackenbarsch, die leuchtenden, blauschimmernden Tupfen befinden sich jedoch auf einem braunen, gelbgrauen oder schwarzen Grund. Der Schwanz weist vier dunkle Querstreifen auf,

194

die Flossen sind mit weißgelben Flecken gesäumt. Die Farbintensität der Querstreifen hängt von der augenblicklichen Laune des Fisches ab. Korallenriffe bewohnende Exemplare sind gewöhnlich rot gefärbt, bei Fischen aus flachem Wasser herrscht Dunkelbraun bis Schwarz vor. Auch der Blauflecken-Zackenbarsch lebt im Indischen und Pazifischen Ozean und wird in großen Aquarien gehalten. Er ist ein Raubfisch und nährt sich vor allem von Fischen und Krebsen. Seine Länge beträgt 20–30, selten auch bis zu 50 cm. Bei den Sportfischern ist er beliebt, als Nutzfisch hat er keine Bedeutung.

Rotmaulzackenbarsch [194] (*Aethaloperca rogaa*) *ORDNUNG BARSCHARTIGE*

Diese im Indischen und Pazifischen Ozean verbreitete Art, die im Bereich der Hawaii-Inseln fehlt, wird gewöhnlich der Gattung *Epinephelus* zugeordnet. An den Seiten befindet sich ein weißlicher, keilförmiger Fleck, der mit der breiten Seite gegen den Bauch und mit der zugespitzten gegen den Rücken gerichtet ist. Der Fisch erreicht eine Länge von 60 cm. Im mächtigen Maul befinden sich große Zähne. Der Körper ist dunkelbraun gefärbt und blau getupft. Junge Exemplare besitzen eine weiß getupfte Rückenflosse und einen weißen Schwanzrand. Der Fisch hält sich mit Vorliebe an Korallenriffen auf, wo er sich wie alle Zackenbarsche zwischen Korallenstöcken oder in Höhlen und großen Spalten verbirgt. Seine Nahrung bilden Fische und Krabben. Auch er ist bei den Sportfischern beliebt.

195

Königs-Feenbarsch [195] (*Gramma hemichrysos* syn. *G. loreto*) *ORDNUNG: BARSCHARTIGE*

Der Königs-Feenbarsch, der nach seinem wissenschaftlichen Namen auch Königsgramme genannt wird, gehört zu den Fischen mit dem schönsten Farbkleid. Der vordere Teil des Körpers ist sattviolett, der Schwanz mit dem hinteren Teil der Rücken- und Afterflosse sind leuchtend gelb. Dieser etwa 6 cm lange Fisch lebt in den

196

Küstengewässern der Bermudas, der Großen und Kleinen Antillen sowie des westlichen Teiles des Karibischen Meeres mit Ausnahme von Florida. Sehr häufig schwimmt er mit dem Bauch nach oben (er kopiert die Decke eines Korallenüberhangs oder einer Höhle). Er lebt in kleinen Schwärmen und ernährt sich von Plankton und kleinen Tieren. Im Aquarium ist er unverträglich und eher einsiedlerisch.

Juwelen-Fahnenbarsch [196] (*Anthias squamipinnis*) *ORDNUNG: BARSCHARTIGE*

Diese Art ist ein lebendes Juwel des Indischen Ozeans und Roten Meeres. Sie erreicht eine Länge von etwa 15 cm und hält sich in einer Tiefe von 1–35 m auf. Die Männchen verteidigen ihr Territorium und leben mit einem Schwarm von Weibchen in einem Harem. Sie sind prachtvoll rot gefärbt, die Seiten sind blaugrün. Die Weibchen sind orangegelb gefärbt. Geht das Männchen ein, wandelt sich in kurzer Zeit das stattlichste Weibchen in ein Männchen um und übernimmt die Leitung des verwaisten Harems.

Fahnenbarsch [197] (*Anthias pleurotaenia*) *ORDNUNG: BARSCHARTIGE*

Dieser 15 cm lange Fisch bewohnt die warmen Meere um Melanesien, Indonesien, die Philippinen, Mikronesien und Samoa. Er lebt in einer Tiefe von 10–150 m. Die Fahnenbarsche (Anthiidae) bewohnen Korallenriffe und Klippenküsten, wo sie sich zwischen Korallenstöcken oder in Felsspalten aufhalten. Bei dieser Art tritt Geschlechtsumwandlung auf. Alle Jungfische sind Weibchen. Stirbt das Männchen des Schwarmes, wandelt sich das ranghöchste Weibchen in ein Männchen um. Das Laichen erfolgt frei im Wassser, der Rogen schwebt nach der Befruchtung an der Oberfläche. Die Jungen schlüpfen nach 4–6 Tagen. Die Weibchen sind weniger bunt gefärbt und es fehlen ihnen die auffallenden faserförmigen Auswüchse an den Flossen.

197

198

Gemeiner Sonnenbarsch oder **Kürbiskernbarsch** [198] (*Lepomis gibbosus*)

ORDNUNG: BARSCHARTIGE

In den warmen, ruhigen, vegetationsreichen Ufergewässern der Flüsse und Seen Nordamerikas ist der Gemeine Sonnenbarsch beheimatet. Dieser 15–20, seltener bis zu 30 cm lange Fisch hat einen hochrückigen, ovalen, seitlich abgeflachten Körper und ist sehr schön gefärbt. Der dunkel grünbraun bis bläulich gefärbte Rücken mit kleinen roten Flecken schimmert perlmutterartig, auf dem Kiemendeckel befindet sich ein charakteristischer roter und schwarzer Fleck. Die Art wurde 1877 nach Europa eingeführt und ist in manchen Gewässern heimisch geworden. Sie ernährt sich von kleinen Tieren und Fischbrut.

Forellenbarsch [199] (*Micropterus salmoides*) *ORDNUNG: BARSCHARTIGE*

Ein anderer barschartiger Fisch nordamerikanischer Herkunft ist der Forellenbarsch. In seiner Heimat wird er 40–60, manchmal bis 80 cm lang. In den europäischen Gewässern hat er jedoch die Hoffnungen der Fischer nicht erfüllt, denn hier kümmert er. Der Forellenbarsch bevorzugt tiefe Tümpel und Altwässer, wo er sich zwischen untergetauchten Baumstämmen und Steinen verbirgt. Die Jungfische leben auf Sandbänken. Die Art ist sehr gefräßig und ernährt sich von wirbellosen Tieren, Kaulquappen, Fröschen, Fischbrut und auch kleineren Fischen.

Ctenoidschuppe.
Rechts die aus der Haut herausragende Hinterseite der Schuppe, die mit Zähnchen besetzt und rau ist.

199

Flussbarsch [200] (*Perca fluviatilis*) *ORDNUNG: BARSCHARTIGE*

Der bekannteste Vertreter der Barschartigen in unseren Gewässern ist der Flussbarsch. Dieser bis zu 50 cm lange, schön gefärbte Raubfisch lebt in großen Schwärmen in sauberen, langsam fließenden Gewässern.

200

201

202

Zander [201, 202] (*Stizostedion lucioperca*) ORDNUNG: BARSCHARTIGE

Der Zander besitzt einen langen, hechtartig gestreckten Körper und ein großes Maul. In den Kiefern befinden sich zwei Typen von Zähnen – kleine, pinselförmige und auffallend herausragende „Fangzähne", die zum Ergreifen der Beute dienen. Der Zander kommt in Mittel- und Osteuropa in großen Seen und Flüssen mit festem steinigem Grund vor. In Westeuropa wurde er auch künstlich ausgesetzt. Der Fisch erreicht eine Länge von 40–70 cm, es sind aber auch bis zu 130 cm lange Exemplare bekannt. Er lebt einsiedlerisch, vor allem in der Uferzone, wo er sich tagsüber in den Wasserpflanzen verbirgt. Bei Anbruch der Dämmerung beginnt er, Fische zu jagen.

Wolgazander [203] (*Stizostedion volgensis*) ORDNUNG: BARSCHARTIGE

Ein naher Verwandter des Zanders ist der Wolgazander. Bisweilen wird er auch als geographische Unterart des Zanders (*Stizostedion lucioperca volgensis*) geführt. Er besitzt einen schlankeren Körper und eine lange, spitze Schnauze. Er bewohnt die grossen Ströme im nördlichen Einzugsgebiet des Schwarzen und Asowschen Meeres und das Stromgebiet des Dons, das Kaspische Meer (Stromgebiet der Wolga und des Urals). In der Donau tritt er bis Wien auf. Der Fisch kann auch in Brackwasser leben. Er sucht ruhige, durchwärmte Gewässer mit festem Boden auf, eine leichte Trübung des Wassers macht ihm nichts aus. Er ist kleiner als der Zander, höchstens 40, meist jedoch 25–30 cm lang. Seine Nahrung besteht aus kleinen Fischen und wirbellosen Tieren.

203

204

Kaulbarsch [204, 205] (*Gymnocephalus cernua*) *ORDNUNG: BARSCHARTIGE*

Der Kaulbarsch ist ein kleiner Fisch, der in Europa lebt. Seine beiden Rückenflossen sind miteinander verschmolzen, auf dem Kiemendeckel befindet sich ein kräftiger, scharfer Stachel. Der Kaulbarsch bewohnt große Flüsse, Seen und Buchten nördlich der Pyrenäen und Alpen bis nach England und Nordfrankreich. Von dort reicht sein Verbreitungsgebiet über Mitteleuropa bis zum Weißen Meer, Ural und Kaspischen Meer. In West- und Mitteleuropa wurde er künstlich ausgesetzt. In Irland, Schottland, im nördlichen Norwegen und auf der Balkanhalbinsel tritt der Fisch nicht auf. Er erreicht eine Länge von 12–15, manchmal bis zu 25 cm. Er ist widerstandsfähig und verträgt im Unterschied zu seinen Verwandten auch verschmutzte Gewässer. Der Kaulbarsch lebt in Schwärmen in tieferen Gewässern auf sandigem Grund, meidet jedoch eine stärkere Strömung. Er laicht von März bis Mai. Die Weibchen produzieren bis zu 100 000 gelbweiße Eier, die sie an seichten Stellen in der Uferregion in gallertartigen Schnüren an Steinen und Pflanzen ablegen. Die Jungen schlüpfen 8–12

205

Tage nach der Befruchtung. Der Kaulbarsch ernährt sich von Flohkrebsen, Würmern, Insektenlarven, kleinen Weichtieren und Fischbrut.

Ein naher Verwandter des Kaulbarsches ist der Don-Kaulbarsch *(Gymnocephalus acerina)*, der im Unterlauf des Dnjestr, Dnjepr, Don und Kuban lebt. Er besitzt einen schlankeren Körper mit einer breiten, flachen Stirn und lebt in tiefem Wasser; über seine Biologie ist noch wenig bekannt.

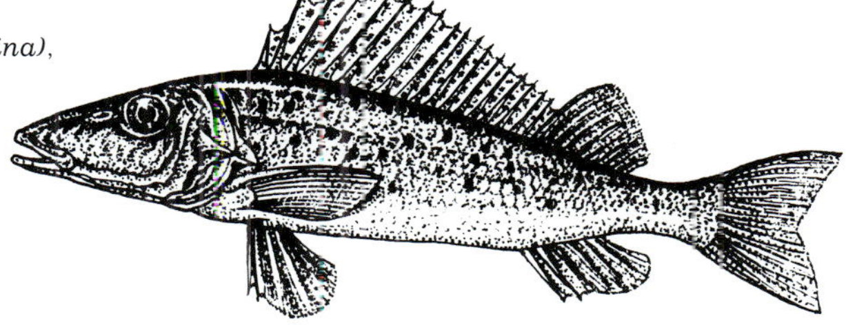

Schrätzer [206] (*Gymnocephalus schraetser*) *ORDNUNG: BARSCHARTIGE*

Der Schrätzer bewohnt tiefe Stellen mit Sand- oder Kiesgrund im Stromgebiet der Donau von Bayern bis zur Mündung ins Schwarze Meer. Er hat einen langgestreckten, niedrigen Körper, eine spitze, lange Schnauze und eine breite Stirn. Der Rücken und die obere Seite des Kopfes sind grünlich gefärbt, die Seiten zitronen- bis messinggelb. Der Fisch erreicht eine Länge von 15–25, bisweilen bis 30 cm. Er gehört zu den stark bedrohten Arten der europäischen Fischfauna. Seine Bestände sind infolge der Errichtung von Talsperren und Stauanlagen am ganzen Lauf der Donau zurückgegangen. Der Fisch lebt gesellig. Tagsüber verbirgt er sich, in der Dämmerung beginnt er auf Sandbänken zu jagen. Die Laichzeit dauert von April bis Mai. Die erwachsenen Fische wandern flussaufwärts zu den Laichplätzen auf Schotteranschwemmungen. Die Weibchen legen die klebrigen Eier in gallertartigen Streifen auf Steinen, untergetauchten Zweigen und Wurzeln ab. Der Schrätzer ernährt sich von kleinen Krebsen, Würmern, Insektenlarven und Fischbrut.

206

207

Balon-Kaulbarsch [207] (*Gymnocephalus baloni*) *ORDNUNG: BARSCHARTIGE*

Diese Art wurde 1974 von den slowakischen Ichthyologen J. Holčík und K. Hensel beschrieben. Sie ist der Aufmerksamkeit der Wissenschaftler so lange entgangen, weil sie auf den ersten Blick dem Kaulbarsch sehr ähnelt. Der Körper des Fisches ist jedoch höher. Auf den Kiemendeckeln befinden sich zwei scharfe Stacheln und der obere Rand der zweiten Rückenflosse bildet einen etwa 60 °-Winkel mit der Längsachse des Körpers. Typisch ist die Färbung – die Flecken auf den Körperseiten verschmelzen in 4–6 Querstreifen, die allerdings nicht so scharf abgegrenzt sind wie bei dem Flussbarsch. Der Balon-Kaulbarsch ist in der Donau, Latorica, Theiss, im Ipel und auch im Dnjepr zu finden. Er erreicht eine Länge von höchstens 13 cm und braucht Wasser mit einem sehr hohen Sauerstoffgehalt. Im Unterschied zu anderen Arten der Gattung *Gymnocephalus* lebt er eher einsiedlerisch. Der Balon-Kaulbarsch ist eine bisher wenig bekannte und erforschte Art der europäischen Fischfauna. Seinen wissenschaftlichen Namen verdankt er einem weltberühmten Ichthyologen mährischschlesischer Herkunft, dem Universitätsprofessor in Kanada E. K. Balon.

Zingel [208] (*Zingel zingel*) ORDNUNG: BARSCHARTIGE

Wie alle Vertreter dieser Gattung besitzt auch der Zingel einen spindelförmigen Körper und einen auffallend langen, dünnen Schwanzstiel. Der hintere Rand des Kiemengbogens trägt einen kräftigen Stachel. Der Zingel bewohnt fließende, sauerstoffreiche Gewässer mit Sand- oder Schlammgrund im Stromgebiet der Donau, des Dnjestr und Prut. Seine Bestände sind in den letzten Jahrzehnten infolge der Verschmutzung der Flüsse stark zurückgegangen. Der Körper ist bräunlich gefärbt und weist 4–5 unregelmäßige schwarze Querstreifen mit undeutlichen Konturen auf. Wie die anderen Vertreter der Gattung lebt der Zingel am Grund auf Schotter- und Sandanschwemmungen der Uferzone. Dort verbirgt er sich tagsüber zwischen Steinen. Seine Bewegungen sind ruckartig, häufig schwimmt er

208

209

210

rückwärts. Die Augen sind sehr beweglich, deshalb kann der Zingel seine Umgebung mit jedem Auge getrennt beobachten. Er kann sogar den Kopf etwas drehen. Die Laichzeit dauert von März bis Mai, das Weibchen legt die Eier auf Schotter im Flussbett ab. Der Fisch erreicht eine Länge von 20–30, selten sogar von 50 cm. Er ernährt sich von kleinen wirbellosen Tieren und Fischbrut.

Streber [209] (*Zingel streber*)

ORDNUNG: BARSCHARTIGE

Der Streber hat einen langgestreckten, schlanken, spindelförmigen Körper mit einem sehr schmalen Schwanzstiel. Er bewohnt saubere, sauerstoffreiche Gewässer im Stromgebiet der Donau von Bayern bis zum Delta am Schwarzen Meer. Gewöhnlich erreicht er eine Länge von 12–18 cm, große Exemplare können bis zu 22 cm lang werden. Der Körper ist bräunlich gefärbt, vom Rücken zu den Seiten verlaufen 4–5 schwarze Querstreifen mit scharfen Konturen. Zur Laichzeit nehmen die Seiten einen prachtvollen smaragdfarbenen Ton mit metallischem Glanz an. Der Streber laicht von März bis April auf seichten Schotteranschwemmungen. Das Weibchen legt bis zu 4 200 Eier auf Steinen und Wasserpflanzen ab. Tagsüber verbirgt sich der Fisch am Grund, bei Anbruch der Nacht beginnt er sich mit kurzen Sprüngen am Boden zu bewegen. Als Nahrung dienen ihm kleine wirbellose Tiere und Fischbrut. Heute tritt er nur noch sehr selten auf und steht unter Schutz.

Stahlblauer Thunfisch [210] (*Rastrelliger brachysoma*)

ORDNUNG: BARSCHARTIGE

Dieser Thunfisch gehört zu den kleineren Thunfisch-Arten, er wächst höchstens bis zu einer Länge von 35 cm heran. Die meisten Exemplare sind nur 15-25 cm lang, dennoch sind sie örtlich von großer wirtschaftlicher Bedeutung. Der Stahlblaue Thunfisch bewohnt seichte Küstengewässer des Indischen und Pazifischen Ozeans: hauptsächlich von Ostafrika, Madagaskar, Indien, Malaysia, Thailand, Laos, Kam-

211

bodscha, Vietnam, Philippinen und Melanesien. Der Körper ist kurz und hoch, der Kopf verhältnismäßig groß. Der Rücken ist dünkler, mit blaugrünem Stich, die Körperseiten und der Bauch haben einen silbernen Schimmer. Die Hauptnahrung dieses Fisches stellen Planktonorganismen dar, die der Fisch mit Hilfe von Filtriermechanismen (-stäbchen) auf der Innenseite der Kiemen aus dem Wasser gewinnt. In Malaysia, auf den Philippinen und in Thailand fängt man jährlich etwa 150tausend Tonnen dieses Thunfisches.

Atlantische Makrele [211] (*Scomber scombrus*) ORDNUNG: BARSCHARTIGE

Die Atlantische Makrele ist der bekannteste und vom Gesichtspunkt der Fischfangindustrie auch der bedeutendste Vertreter der makrelenartigen Fische. Sie ist ein sich schnell bewegender, gedrungener Fisch, der zu einer Länge von 50 cm heranwächst und das Gewicht von rund 2 kg erreicht. Sie kommt in nördlichen Teilen des Atlantischen Ozeans vor, wo sie in großen Schwärmen weite Wanderungen unternimmt. Im Winter halten sie sich in größeren Tiefen auf, im März und April steigen sie zum Laichen zur Oberfläche auf. Ein geschlechtsreifes Weibchen sondert bis zu einer halben Million Eier ab, die frei im Wasser schweben. Makrelen ernähren sich von kleineren Fischen, Krusten- und Weichtieren. Sie werden bis zu 20 Jahre alt. Ihr Fleisch ist saftig, fett, sehr geschätzt und auf dem Fischmarkt ersetzt es immer mehr das Fleisch der Heringe, deren Fang vom Jahr zu Jahr sinkt.

Diese und weitere Mitglieder der Makrelen-Familie *(Scombridae)* gehören zu den wirtschaftlich bedeutsamsten Fischarten. Man kennt an die 50 Arten. Sie kommen in den klimatisch gemäßigten und warmen Zonen der Nordhalbkugel vor. Sie besitzen keine Schwimmblase, weil sie ausgezeichnete und schnelle Schwimmer sind, das Anheben des Körpers durch die Schwimmblase würde sie stören. Die meisten Arten haben nur kleine Schuppen, manche besitzen sogar einen völlig schuppenlosen Körper. Der Körper der Makrelenfische ist spindelförmig mit zylindrischem Querschnitt; typisch ist ein dünner Schwanzansatz, der mit einer schmalen, gabelförmig ausgebuchteten Schwanzflosse endet. Der hintere Teil der Rücken- und Afterflosse zerfällt in eine zusammenhängende Reihe von selbstständigen kleinen Flossen. Die Brustflossen sind gewöhnlich klein und verkümmert. Die Makrelen leben in zahlreichen Schwärmen und in verschiedenen Tiefen.

Thonine [212] (*Euthynnus alleteratus*) *ORDNUNG: BARSCHARTIGE*

Der Thonine gehört zu den kleineren Thunfischarten. Gewöhnlich wächst er bis zu einer Länge von 65 cm heran, in Ausnahmefällen bis zu 90 cm, sein Gewicht beträgt rund 5 kg, ausnahmsweise bis maximal 15 kg. Er hält sich im Westteil des Atlantischen Ozeans in der gemäßigten tropischen Zone auf. Er ist ein Bewohner der Küstengewässer. Seine zahlreichen Schwärme findet man in der Nähe der Oberfläche, in den Sommermonaten meist in seichten Schelfgewässern. Er braucht eine höhere Wassertemperatur, mindestens 18° C, daher ist er in den europäischen Gewässern nur ein gelegentlicher Sommergast. Die Thonine sind Raubfische, sie fangen Fische, Tintenfische und Krustentiere. Thonine werden intensiv an der Küste Westafrikas gefangen, weniger in den nördlicheren Gebieten. Dieser Fisch hat ein sehr geschmackvolles und geschätztes Fleisch. Thonine gelten zwar als mit den Makrelen nahverwandte Fische, manche Zoologen reihen sie jedoch in eine selbstständige Ordnung der *Thunniformes* ein. Es sind meistens große Meeresfische von erheblicher wirtschaftlicher Bedeutung. Sie sind fähig, ihre Körpertemperatur auf interessante Weise zu regulieren. Unter der starken Haut haben sie ein reich verzweigtes Gefäßsystem, das mit der Wärme so wirtschaften kann, dass die Körpertemperatur des Fisches bis um 9° C höher als die Temperatur des umgebenden Wassers sein kann. Das Fleisch der Thunfische ist von hoher Qualität und sehr geschätzt. Mit Makrelen und Thunfischen sind mächtige Schwert- und Fächerfische *(Histiophoridae)* verwandt, die bis zu einer Länge von 5-6 m heranwachsen und ein Gewicht von bis zu 300 kg erreichen.

Blaustreifen-Schnapper [213] (*Lutjanus kasmira*) *ORDNUNG: BARSCHARTIGE*

Der Blaustreifen-Schnapper ist in den Küstengewässern des Indischen und westlichen Pazifischen Ozeans verbreitet. Er bevorzugt seichte Buchten und tritt auch in den Flussmündungen großer Flüsse auf. Der Fisch wird 30–50 cm lang und zeichnet sich durch ein schönes Farbkleid aus. Rücken, Seiten und Flossen sind leuchtend gelb, der

212

213

Bauch silberfarben und am Körper verlaufen vier blaue Längsstreifen mit deutlichen Konturen. Die dunklen Augen verbindet ein dunkler Streifen mit der Schnauze. Am häufigsten kann man dem Blaustreifen-Schnapper an Korallenriffen begegnen, wo er sich in den Korallenkolonien oder in Pflanzenbeständen verbirgt. Er ernährt sich von kleinen Bodentieren, Plankton und kleinen Fischen.

Blaustreifengrunzer [214] (*Haemulon sciurus*) ORDNUNG: BARSCHARTIGE

Im Pazifischen und im westlichen Teil des Atlantischen Ozeans von Florida über den Golf von Mexiko bis nach Brasilien sind die Grunzer der Gattung *Haemulon* stark verbreitet. Neun Arten dieser Gattung leben im Golf von Mexiko und an der Küste Kubas, zwei Arten an der pazifischen Küste von Mexiko. Manche Arten, so der Kaisergrunzer, erreichen eine Länge von 60 cm, die meisten sind jedoch 20–40 cm lang. Die Grunzer sind sehr hübsch gefärbt und gehören zu den Bewohnern von Korallenriffen. Am gelblich gefärbten Körper des Kaisergrunzers verlaufen mit Ausnahme des Kopfes dünne bläuliche Längsstreifen. Alle Grunzer ernähren sich von Krebsen und Würmern.

Franzosen-Grunzer [215] (*Haemulon flavolineatum*) ORDNUNG: BARSCHARTIGE

Die geographische Verbreitung des Franzosen-Grunzers ist mit der des Blaustreifengrunzers identisch. Beide Arten sind auch gleich groß und bilden häufig gemischte Schwärme.

214

215

Harlekin-Süßlippe [216, 217] (*Plectorhynchus chaetodonoides*)

ORDNUNG: BARSCHARTIGE

Die Harlekin-Süßlippe ist ein Bewohner von Korallenriffen im Indischen und Pazifischen Ozean vom Roten Meeer bis zu den Philippinen und Melanesien. Sie wird 40–65 cm lang und ihr silbergrau bis grün gefärbter Körper ist dicht mit dunkelbraunen Tupfen besät. Der große Mund ist von einem typischen orangefarbenen Saum umgeben, dem die Art den Namen Harlekin verdankt. Jungfische weisen eine andere Färbung auf; statt der Tupfen bedecken den

216

217

218

Körper verschieden große samtbraune Flecken, deshalb wurden sie irrtümlicherweise als selbstständige Art beschrieben. Oft werden die Fische in Seewasseraquarien gehalten. Sie leben in Paaren oder einzeln.

Orient-Süßlippe [218] (*Plectorhynchus orientalis*) *ORDNUNG: BARSCHARTIGE*

Die Orient-Süßlippe gehört zu den am buntesten gefärbten Vertretern der Gattung *Plectorhynchus*. Von den Augen bis zur Basis der Schwanzflosse verlaufen deutliche breite, blaue und weiße Bänder, auf dem gelb gefärbten Kopf finden sich schwarze Streifen. Gelb sind auch die Flossen, auf denen schwarze Flecken und Streifen Ornamente bilden. Der Fisch wird etwa 40 cm lang und tritt im westlichen Teil des Pazifischen und Indischen Ozeans, von der ostafrikanischen Küste über die Seychellen bis Melanesien auf. Jungfische bis zu einer Größe von 20 cm sind ganz anders gefärbt. Sie weisen breite dunkelbraune Binden und Streifen auf einem rosabraunem Grund auf. Erwachsene Fische ernähren sich von Krabben und Fischen und bewohnen hauptsächlich Korallenriffe. Im Aquarium sind sie unverträglich.

219

220

Schwarzgepunktete Süßlippe [219]] (*Plectorhynchus gaterinus*)
ORDNUNG: BARSCHARTIGE

Der Fisch erreicht eine Länge von etwa 40 cm und ist vom Roten Meer über Moçambique und Madagaskar bis zum Persischen Golf verbreitet. An der Küste von Kenia ist er ein wichtiger und beliebter Nutzfisch. Die Grundfarbe des Körpers ist graubraun, die Seiten, der Rücken und die Schwanzflosse sind mit einer Vielzahl schwarzer Tupfen übersät. Der Bauch ist silberfarben, Maul und Flossen sind sattgelb. Der Fisch bewohnt Korallenriffe, wo er sich in Höhlen und Spalten verbirgt. Er ernährt sich von Schalentieren, vor allem von Krabben aber auch von Fischen.

Großaugen-Straßenkehrer [220] (*Monotaxis grandoculus*) ORDNUNG: BARSCHARTIGE

Die Art ist in den tropischen Gewässern des Indischen und im westlichen Teil des Pazifischen Ozeans heimisch, hat rötlich gelbe Flossen, ein gelbes Maul und wird 30–50, manchmal bis zu 75 cm lang. Ein typisches Merkmal sind die großen Augen und ein Höcker auf der Stirn. Die Fische halten sich vornehmlich in Küstennähe bis in eine Tiefe von 50–60 m auf, leben in Schwärmen und sind tagaktiv. Ihre Nahrung bilden kleine wirbellose Tiere sowie Fische. Das Fleisch ist schmackhaft und wird sehr geschätzt.

221

Meer- oder **Goldbrasse** [221] (*Sparus auratus*) *ORDNUNG: BARSCHARTIGE*

Die Meerbrassen (Sparidae) sind ausschließlich Seefische. Sie besitzen einen ovalen, hochrückigen, seitlich abgeflachten Körper. Das Maul ist klein, die Lippen sind fleischig. Ein weiteres wichtiges Merkmal ist die Anwesenheit von Ctenoidschuppen auch am Kopf. Die Meer- oder Goldbrasse ist im nordöstlichen Teil des Pazifischen Ozeans, im Mittel- und im Schwarzen Meer verbreitet. Sie wächst bis zu einer Länge von maximal 70 cm heran, mit Vorliebe hält sie sich zwischen den Felsen und im Geflecht der Wasservegetation auf. Sie ernährt sich von Krebsen, deren Schalen sie mit den starken Zähnen zermalmt, sowie von Weichtieren. Auf der Stirn der Meerbarbe verläuft zwischen den Augen ein Streifen mit einem goldenen Schimmer, der nach dem Töten des Fisches rasch erblasst und allmählich verschwindet.

222

Seerabe [222] (*Sciaena umbra*)

ORDNUNG: BARSCHARTIGE

Die Umberfische (Sciaenidae) sind mit den Meerbrassen verwandt, ihr Körper ist jedoch weniger hochrückig und abgeflacht. Am Kinn tragen sie einen kurzen, fleischigen Bartfaden. Ein typisches Merkmal ist die dreieckige Form der ersten Rückenflosse. Der Seerabe ist von der Küste Senegals über Mauretanien, Marokko und die Kanarischen Inseln bis zur Südküste Portugals verbreitet. Er tritt auch im Mittel- und Schwarzen Meer auf. Der Fisch erreicht eine Länge von höchstens 70 cm und lebt in kleinen Schwärmen. Tagsüber verbirgt er sich erst am Grund in Tiefen bis zu 20 m, auf die Jagd begibt er sich bei Anbruch der Dämmerung. Er ernährt sich von kleinen Fischen und Krebsen.

Ein typisches Merkmal der Meerbarbe *(Mulus barbatus)* sind die langen Barteln.

Silberflossenblatt [223] (*Monodactylus argenteus*)

ORDNUNG: BARSCHARTIGE

Die Familie Flossenblätter (Moonodactylidae) ist in der Küstenregion tropischer Meere und in Brackwasser stark verbreitet. Die Fische besitzen einen hockrückigen, seitlich ziemlich abgeflachten Körper, der an die bekannten Skalare aus Binnengewässern erinnert. Das Silberflossenblatt bewohnt ein ausgedehntes Gebiet, das von der Malaiischen Halbinsel über das Rote Meer bis zur ostafrikanischen Küste reicht, wo der Fisch vor allem in Brackwasser auftritt. Er erreicht eine Länge von 20–23 cm. Der Körper glänzt silbrig, die Rückenflosse ist gelblich orangefarben, die anderen Flossen sind gelblich. Die Afterflosse ist schwarz gesäumt. Der Fisch lebt in Schwärmen und ernährt sich von kleinen wirbellosen Tieren – Krebsen, Würmern und Insektenlarven. Obwohl er nicht bunt gefärbt ist, kann man ihm häufig in Seewasseraquarien begegnen. Seine Haltung ist aber verhältnismäßig anspruchsvoll.

223

224

Schützenfisch [224] (*Toxotes jaculatrix*)

ORDNUNG: BARSCHARTIGE

Der Schützenfisch aus der Familie Toxotidae ist ziemlich bekannt. Seine Popularität verdankt er seinen Jagdgewohnheiten. Er versteht es nämlich, einen Tropfen Wasser mit dem Maul abzuschießen und so ein Insekt, das auf den Pflanzen über dem Wasserspiegel sitzt, wie mit einer Wasserpistole zu erlegen und das über eine Entfernung von einem halben Meter, manchmal noch weiter. Der Schützenfisch erreicht eine Länge von 24 cm und lebt in Brackwasser in Südostasien, einschließlich der Philippinen und der Malaiischen Halbinsel. Er kommt auch im Pazifik und in australischen Küstengewässern vor. Sein Körper ist keilförmig, er verbreitert sich vom Kopf nach hinten. Die Färbung ist sehr variabel, von Gelbbraun bis Graugrün, der Bauch ist silbrig und an den Seiten verlaufen 4–6 breite, schwarze Querbinden.

Fledermausfisch [225] (*Platax teira*)

ORDNUNG: BARSCHARTIGE

Der Fledermausfisch aus der Familie Ephippidae gehört zu den Seefischen, die im tropischen Teil des Indischen und Pazifischen Ozeans leben. Er weist einen hohen, dreieckigen, seitlich abgeflachten Körper auf. Seine typische Form verleihen ihm die stark vergrößerten Rücken- und Afterflossen. Form und Farbe des Körpers ändern sich je nach Alter des Fisches. Der Fledermausfisch kommt in der Küstenregion des Indischen Ozeans bis Südafrika und im westlichen Teil des Pazifischen Ozeans bis Neuguinea vor. Er wird 20–40 cm lang, außergewöhnlich entwickelte Exemplare bis zu 70 cm. Er hält sich hauptsächlich an Korallenriffen auf und lebt meist als Einzelgänger, nur manchmal bilden sich kleine Gruppen. Als Nahrung dienen ihm kleine wirbellose Tiere und Fische.

225

226

Kupferstreifen-Pinzettfisch [226] (*Chelmon rostratus*) *ORDNUNG: BARSCHARTIGE*

227

Der 15–17 cm lange Pinzettfisch bewohnt tropische Meere vom Roten Meer über Indien, Sri Lanka, China, Taiwan und die Philippinen bis Melanesien und zu den australischen Küstengewässern. Er hat einen hochrückigen, seitlich abgeflachten, silbrigen Körper mit breiten, scharf umgrenzten, orangefarbenen Querbinden. Auf der hinteren Rückenflosse befindet sich unten ein blau umrandeter schwarzer Fleck, der an ein Auge erinnert. Ein typisches Merkmal sind die pinzettenförmigen Kiefer, mit deren Hilfe der Fisch kleine Krebse, Würmer und andere Tiere aus ihrem Versteck hervorzieht.

Gelber Rotmeergaukler [227] (*Chaetodon semilarvatus*) ORDNUNG: BARSCHARTIGE

Der Gelbe Rotmeergaukler gehört zu den kleineren Borstenzähnern (Chaetodontidae). Er wird höchstens 12 cm lang und hat einen hochrückigen, seitlich abgeflachten, gelborangefarbenen Körper mit 12 roten oder rotvioletten Querbinden. Hinter und unter dem Auge befindet sich ein großer schwarzer oder grauvioletter Fleck, das hintere Ende der Schwanzflosse weist einen dünnen, dunklen Saum auf. Der Fisch lebt vornehmlich an Korallenriffen im Roten Meer und in Zanzibar.

Schwarzrücken-Falterfisch [228] (*Chaetodon melannotus*) ORDNUNG: BARSCHARTIGE

Dieser Fisch erreicht eine Länge von etwa 17 cm und lebt an Korallenriffen in der tropischen Zone des Indischen und Pazifischen Ozeans von der ostafrikanischen Küste über die Seychellen, Indien, Kambodscha, Laos und Vietnam, die Philippinen, Taiwan, Melanesien, Fidschi, Samoa bis nach Nordaustralien. Er hat einen gelblichen Körper mit schwarzen Längsstreifen, die sich in der Nähe des hinteren Teils der Rückenflosse zu einem zusammenhängenden Band vereinigen, das entlang des Rückens verläuft. Die Flossen sind reingelb. Er ernährt sich von Korallenpolypen und anderen kleinen Tieren.

228

229

230

231

Wimpelfisch [229] (*Heniochus acuminatus*) — *ORDNUNG: BARSCHARTIGE*

Der Wimpelfisch erreicht eine Länge von 25 cm. Sein charakteristisches Merkmal ist der auffallend verlängerte, wimpelähnliche Ausläufer des vierten Strahles der Rückenflosse. Am Körper wechseln breite schwarze und weiße Bänder ab, die Schwanzflosse und der hintere Teil der Rückenflosse sind gelb. Der Fisch lebt an Korallenriffen im Pazifischen und Indischen Ozean einschließlich des Roten Meeres, der Hawaii-Inseln und Nordaustraliens. Er tritt gewöhnlich in Paaren auf. Wegen seines ungewöhnlichen Aussehens wird er häufiger in Aquarien gehalten und ausgestellt.

Phantom-Wimpelfisch [230] (*Heniochus pleurotaenia*) — *ORDNUNG: BARSCHARTIGE*

Die Familie Borstenzähner (Chaetodontidae) umfasst etwa 115 Arten und ihre Vertreter zählen zu den schönsten Fischen der tropischen Meere. Sie zeichnen sich durch ihr ungemein buntes Farbkleid aus und stehen deshalb im Mittelpunkt des Interesses von Filmemachern, Fotografen und Aquarianern. Die Färbung kann sich je nach dem Alter aber auch im Verlauf der Tageszeit ändern. Bei vielen Arten existiert auch eine sog. Nachtfärbung. Der Phantom-Wimpelfisch lebt in der Umgebung von Sri Lanka und den Malediven. Er erreicht eine Länge von 19 cm. Der verwandte *Hemiochus varius* gehört zu den weniger bunten Arten. Ihm fehlt der mittlere weiße Streifen an den Seiten. Er lebt im westlichen Pazifik bis Java und wird 20 cm lang.

Großschuppengaukler [231] (*Chaetodon rafflesi*) — *ORDNUNG: BARSCHARTIGE*

In der Färbung dieses Fisches herrscht Gelb vor, nur über die Augen, am hinteren Teil der Rückenflosse und am Schwanz verlaufen schwarze Streifen. Die schwarze Umrahmung der Schuppen lässt auf dem Körper ein auffälliges Netzmuster entstehen. Der Fisch wird höchstens 12 cm lang und tritt an den Korallenriffen warmer Meere von der Ostküste Afrikas über das Rote Meer, Indien und Sri Lanka bis zu den Seychellen auf. Er ernährt sich meist von Korallenpolypen.

232

Langschnäuziger Pinzettenfisch [232] (*Forcipiger flavissimus*)

ORDNUNG: BARSCHARTIGE

Diese Gauklerart zeichnet sich durch pinzettenförmig verlängerte Kiefer aus. Der Fisch erreicht eine Länge von 22 cm und kommt in der indopazifischen Region einschließlich der ganzen südostasiatischen Küste und der Hawaii-Inseln vor. Der größte Teil seines Körpers ist sattgelb, die vergrößerte Rücken- und Afterflosse sind hinten blau gesäumt, am Ende der Afterflosse befindet sich ein schwarzer Fleck. Der obere Teil des Kopfes ist dunkelbraun, der untere und die lange Schnauze sind hellblau. Die Fische leben in kleinen Gruppen von 5–6 Exemplaren und lauern in Spalten und Korallenkolonien unaufhörlich kleinen Tieren auf.

Grauer Kaiserfisch [233] (*Pomacanthus paru*)

ORDNUNG: BARSCHARTIGE

Die Kaiserfische (Pomacanthidae) wurden früher in eine gemeinsame Familie mit den Gauklern eingereiht. Die meisten Kaiserfische sind mittelgroß, selten länger als 40 cm. Ihr gemeinsames Merkmal ist ein Stachel auf dem Kiemendeckel. Die Fische legen deutliches Territorialverhalten an den Tag und verteidigen ihr Revier energisch. Die Männchen versammeln in ihrem Territorium häufig einen Harem, jedes Weibchen hat dabei einen Teil des Reviers nur für sich allein. Die Fische besitzen ein prachtvolles Farbkleid, das sich je nach Alter verändert. Der Graue Kaiserfisch wird über 35 cm lang und tritt vom Karibischen Meer bis zur Küste von Florida auf. Die Jungfische sind schwarz, mit vier gelben Querstreifen.

Großflossen-Kaiserfisch [234] (*Pomacanthus arcuatus*)

ORDNUNG: BARSCHARTIGE

Er ist ein naher verwandter des Grauen Kaiserfisches. Er lebt ebenso im karibischen Gebiet und seine Jungen sind schwarz mit drei gelben Querstreifen. Er wächst bis zu einer Länge von 60 cm heran.

233

234

235

Kaiserfisch, Imperatorfisch [235] (*Pomacanthus imperator*)

ORDNUNG: BARSCHARTIGE

Zu den am schönsten gefärbten Korallenfischen gehört der Kaiserfisch. Er wird 20–30 cm lang und bewohnt die Korallenriffe des Indischen und Pazifischen Ozeans. Die einzelnen an verschiedenen Orten lebenden Populationen unterscheiden sich in ihrer Färbung. Während am Körper erwachsener Exemplare blaue und gelbe Streifen abwechseln, weisen die Jungfische eine sattblaue Färbung mit weißen konzentrischen Streifen auf.

Koran-Kaiserfisch [236] (*Pomacanthodes maculosus*) *ORDNUNG: BARSCHARTIGE*

Der Koran-Kaiserfisch stammt aus dem Roten Meer, wo er in den Gesellschaften der Korallenriffe auftritt. Die Fische sind etwa 35 cm lang. Der Körper ist leuchtend blau, mit dunkelblauen, halbmondförmigen Flecken am Rücken. Von der Mitte der Afterflosse zur Rückenflosse verläuft eine breite sattgelbe Querbinde. Die Fische ernähren sich meist von Algen, Schwämmen, kleinen wirbellosen Tieren und Manteltieren.

Australischer Zwergkaiserfisch [237] (*Chaetodontoplus duboulayi*)

ORDNUNG: BARSCHARTIGE

Die Art lebt an den Korallenriffen der Nordküste Australiens (Queensland), tritt aber auch im Küstengebiet von Nordwestaustralien auf. Der Körper der Fische ist bläulich bis braun gefärbt und mit dunklen Streifen und Flecken ausgestattet. Vom Rücken bis zum Bauch verläuft ein breites gelbes Band. Rücken- und Afterflosse sind breit und abgerundet, die Schwanzflosse ist gelb, ebenso wie die Umgebung des Maules. Der Fisch erreicht eine Länge von höchstens 25 cm und ist ein Allesfresser.

236

237

238

Pygoplites diacanthus [238] ORDNUNG: BARSCHARTIGE

Pygoplites, bis 25 cm lang, gehört zu den buntesten Arten der sog. Korallenfische. Er bewohnt ausgedehnte Regionen des Pazifischen und Indischen Ozeans einschließlich des Roten Meeres. Auf den Hawaii-Inseln fehlt er. Er besitzt einen gelb gefärbten Körper mit einigen breiten, weißen, blau gesäumten Querbinden, die vom Rücken bis zum Bauch verlaufen. Die Augen sind von einer schwarzen Maske umgeben, die Schwanzflosse ist gelb, die Rücken- und Afterflosse sind blau (auf Foto 238, rechts). Die Aufnahme zeigt links einen roten Großaugenbarsch der Gattung *Priacanthus*.

Streifenbuntbarsch [239] (*Aequidens portalegrensis*) ORDNUNG: BARSCHARTIGE

Der Streifenbuntbarsch gehört zur großen Familie der Buntbarsche, die Süßwasserfische sind und aus Süd- und Mittelamerika sowie Afrika stammen. Der Streifenbuntbarsch ist der größte von ihnen, er erreicht eine Länge von 25 cm. Er ist sehr schön gefärbt, die Männchen grünlich, die Weibchen bräunlich. Die Afterflosse der Männchen schillert in allen Regenbogenfarben. Der ganze Körper samt Flossen ist mit weißen Tupfen und Flecken übersät.

Blaupunktbuntbarsch [240] (*Aequidens pulcher*) ORDNUNG: BARSCHARTIGE

Der Blaupunktbuntbarsch wird 20 cm lang. Er stammt aus den nördlichen Gebieten Südamerikas und aus Trinidad. Der hochrückige Körper ist blaugrau gefärbt und weist 5–8 schwarze Querbinden an den Seiten auf. Der Fisch ist ein Allesfresser und lebt von kleinen Tieren und Pflanzenteilen. Dem Laichakt gehen komplizierte Paarungsspiele und Kämpfe voraus. Das Weibchen legt die Eier auf gereinigten Steinen ab. Nach dem Ablaichen befächeln das Weibchen und das Männchen abwechselnd den Rogen mit Hilfe der Flossen mit frischem Wasser. Nach dem Schlüpfen wird die Brut von den Eltern im Schwarm herumgeführt.

239

240

241

Schwarzweißer Schlankcichlide [241] (*Julidochromis transcriptus*)

ORDNUNG: BARSCHARTIGE

Der Schwarzweiße Schlankcichlide ist ein 7–8 cm langes Fischchen aus dem Malawisee (früher Njassasee). Die Männchen sind etwas größer als die Weibchen. Die Fische sind sehr schön gefärbt, der Körper ist braunweiß marmoriert, die Flossen blau gesäumt, die Brustflossen sind gelb. Die Fische laichen in Höhlen, das Weibchen legt nur 20–30 Eier ab und sorgt dann für das Gelege. Das Männchen bewacht die Umgebung der Laichstelle. Die Art gehört zu den beliebten Aquarienfischen.

Schneckenbarsch [242] (*Lamprologus brevis*)

ORDNUNG: BARSCHARTIGE

242

Das Männchen des Schneckenbarsches ist größer als das Weibchen. Es wird 6 cm lang. Die Art ist im Tanganjikasee beheimatet. Der Schneckenbarsch bevorzugt eine Tiefe von 6–55 m und verteidigt seine kleinen, 10–20 cm großen Reviere. Im Aquarium verlangt er Wasser von mittlerer Härte und eine alkalische Reaktion (pH 7,5–8,5). Die Zahl der Eier liegt zwischen 15 und 30. Bei einer Temperatur von 6°C schlüpfen die Jungen nach 24 Stunden und nach 6 Tagen schwimmen sie frei. Das Weibchen betreut sie für etwa 14 Tage. Als Nahrung dienen die Nauplien von Salinenkrebsen und Rädertiere.

243

Rothaubenerdfresser [243, 244] (*Geophagus hondae*) *ORDNUG: BARSCHARTIGE*

244

Der Rothaubenerdfresser lebt im Oberlauf des Rio Magdalena in Kolumbien. In der Natur wird er 25 cm lang, im Aquarium 8–10 cm. Er ist nicht besonders auffällig gefärbt, die vorherrschende Farbe ist Braun. Am Ende des Schwanzstiels befindet sich ein stahlblauer Fleck. Ein typisches Merkmal ist der rote Streifen am Kopf (daher der Name). Die Weibchen legen die Eier auf flachen Steinen ab, die sie vorher sorgfältig säubern. Sobald sie das Männchen befruchtet hat, nimmt das Weibchen die Eier mit der überhängenden Oberlippe ins Maul auf und bringt sie im Kehlsack unter. Dort findet die Entwicklung und das Schlüpfen der Jungen statt. Die Brut ernährt sich von Planktonkrebsen und bleibt noch eine Zeitlang in der Nähe der Mutter.

Nach der Meinung von einigen Ichthyologen lautet die richtige wissenschaftliche Bezeichnung dieses Fisches *G. steindacheri*.

Skalar, Segelflosser [245] (*Pterophyllum scalare*)

ORDNUNG: BARSCHARTIGE

245

Der Skalar ist im mittleren Lauf des Amazonas und seiner Zuflüsse beheimatet und erreicht eine Länge von 15 cm. Er besitzt einen typischen hochrückigen, seitlich abgeflachten Körper mit einer sehr hohen Rücken- und Afterflosse. Die Flossen sind mit fadenförmigen Ausläufern versehen, so dass der Fisch eigentlich höher als lang ist. Es gibt verschieden gefärbten Zuchtformen, die sich auch in Körper- und Flossenform unterscheiden (Schleierformen). Die Männchen und Weibchen unterscheiden sich kaum voneinander. Die Eier werden auf große Blätter abgelegt und beide Eltern sorgen für die Brut. Im Aquarium wird eine künstliche Aufzucht bevorzugt.

Grüner Diskus [246] (*Symphysodon aequifaciatus aequifaciatus*)

ORDNUNG: BARSCHARTIGE

246

Die Arten der Gattung *Symphysodon* sind in Südamerika von Peru bis zur Mündung des Amazonas und im Orinoco verbreitet. Die Gattung besteht aus zwei Arten, dem Grünen Diskus (mit zwei Unterarten – dem Blauen Diskus – *S.a. haraldi* und dem Gelbbraunen Diskus – *S.a. axelrodi*) und dem Echten Diskus *(Symphysodon discus discus)*. Der Grüne Diskus lebt im Oberlauf des Amazonas und erreicht eine Länge von 15 cm. Die Jungen aller Diskusarten ernähren sich nach dem Schlüpfen von einem besonderen Hautsekret, das die Eltern absondern.

Gelbbrauner Diskus [247, 248] (*Symphysodon aequifasciatus axelrodi*)

ORDNUNG: BARSCHARTIGE

Der Gelbbraune Diskus ist eine der Unterarten des Grünen Diskus. Er wird bis zu 20 cm lang und bewohnt den Unterlauf des Amazonas und Orinoco. Die Grundfarbe des Körpers ist Braun mit dunklen Wellenlinien. Die Diskusarten sind beliebte Aquarienfische, ihre Haltung ist jedoch recht anspruchsvoll. Am erfolgreichsten ist die Zucht des Gelbbraunen Diskus. Die Fische reagieren empfindlich auf die Qualität und Temperatur des Wassers und sind gegen verschiedene Krankheiten anfällig. Wenn sich der Gelbbraune Diskus in Gefangenschaft auch vermehrt, so ist die Aufzucht der Jungen nicht einfach. Oft sondern die Eltern das Hautsekret nicht ab, so dass die Jungen verhungern, denn sie können sich erst nach einigen Tagen von Plankton ernähren. Der Grüne, Gelbbraune und Blaue Diskus existieren in zahlreichen Farbformen und Hybriden, die von den Aquarianern künstlich herangezüchtet wurden.

Die größte Zahl der Farbformen und Diskus-Varietäten wurden in der letzten Zeit in Südostasien herangezüchtet. Die Züchter gewinnen sie durch die Kreuzung vom Echten Diskus (*S. discus*) mit dem Grünen, Gelbbraunen und Blauen Diskus (*S. a. haraldi*). Die Mehrzahl dieser neuen künstlichen Hybridformen sind sehr anspruchsvoll, empfindlich und auch sehr teuer.

247

248

249

Weißkehlbarsch [251] (*Sarotherodon mossambicus*) ORDNUNG: BARSCHARTIGE

Der Fisch lebt in Süß- und Brackwasser und erreicht eine Länge von 40 cm. Wie die meisten Buntbarsche betreibt er Brutpflege. Das Weibchen legt die Eier in Gruben ab, die im Boden ausgegraben werden. Sobald das Männchen sie befruchtet hat, nimmt das Weibchen die Eier wieder mit dem Maul auf und bringt sie in einem besonderen Kehlsack unter. Dorthin gelangen nach und nach auch die im Zuge weiterer Laichakte abgelegten Eier. Im Kehlsack erfolgt dann ihre Entwicklung. Kurz nach dem Schlüpfen verlässt die Brut das Maul der Mutter und beginnt sich unter ihrem Schutz und ihrer Aufsicht selbstständig zu ernähren. Ein Laichakt ergibt bis zu 300 Junge.

Nilbarsch [249, 250] (*Sarotherodon niloticus*) ORDNUNG: BARSCHARTIGE

Der Nilbarsch, der in der älteren Literatur als Fantang bezeichnet wird, ist im Nil und seinen Zuflüssen sowie in den Flüssen Westafrikas beheimatet. Der Fisch ist 30–40 cm lang. In vielen Gebieten ist er wegen seines schmackhaften Fleisches ein wichtiger Nutzfisch. Er ernährt sich fast ausschließlich von pflanzlicher Kost. Männchen und Weibchen unterscheiden sich deutlich voneinander. Das Männchen ist bunter gefärbt, sein Körper ist stahlblau mit einem grünlichen Anhauch am Rücken, die Brustflossen sind rosa. Das Weibchen ist graubraun gefärbt und weist dunkle Querstreifen auf.

Der Nilbarsch wird in der letzten Zeit in die Gattung *Oreochromis* eingereiht. Seiner Größe und Fressgier wegen gilt er als kein geeigneter Aquarienfisch.

250

251

Blauer Njassa-Buntbarsch [252] (*Pseudotropheus zebra*) *ORDNUNG: BARSCHARTIGE*

252

Der Fisch stammt aus dem Malawisee in Afrika. Er wird dort 12–14 cm lang und hält sich am steinigen Grund auf. Er besitzt einen hohen, seitlich abgeflachten Körper. Seine Färbung ist prachtvoll blau mit schwarzen Querbinden. Die Hauptnahrung bilden Grünalgen und kleine Tiere. Bei den Aquarianern ist der Fisch sehr beliebt, er ist jedoch unverträglich und rauflustig. In der Natur wacht er energisch über sein Territorium. Das Weibchen behütet den befruchteten Rogen bis zum Schlüpfen im Maul. Unter der Bezeichnung *P. zebra* werden wahrscheinlich verschieden gefärbte Blaugelbe Njassa-Buntbarsche (*Metriaclima estherae* Konings, 1995) gehalten.

Harlekin-Krötenfisch [253] (*Amphiprion ocellaris*) *ORDNUNG: BARSCHARTIGE*

253

Die Arten der Familie Korallenbarsche (Pomacentridae) werden wegen ihrer bunten Farben und großer Lebhaftigkeit als Clown – oder Harlekinfische bezeichnet. Sie sind Seefische, die in den tropischen Meeren des Atlantischen und Pazifischen Ozeans in der Nähe von Korallenriffen vorkommen. Es sind an die 200 Arten bekannt und manche von ihnen werden sehr häufig in Seewasseraquarien gehalten. Der Harlekin-Krötenfisch ist im Indischen und Pazifischen Ozean verbreitet. Er ist 9–10 cm lang. In Aquarien vermehrt er sich erfolgreich.

254

Orangeringelfisch [254] (*Amphiprion polymus*) ORDNUNG: BARSCHARTIGE

Diese Art tritt im westlichen Teil des Pazifischen Ozeans bis Singapur auf. Der Körper der Jungfische ist schwarzbraun, bei erwachsenen Fischen schwarz gefärbt, am Kopf und in der Körpermitte befindet sich ein weißer Querstreifen, der sich am Rücken oft zu einem weißen, sattelartigen Fleck verkürzt. Im Frühjahr 1998 wurde diese Art im zoologischen Garten von Olmütz, Tschechische Republik vermehrt.

Glühkohlen-Anemonenfisch [255] (*Amphiprion ephippium*) ORDNUNG: BARSCHARTIGE

255

Der Glühkohlen-Anemonenfisch ist 12 cm lang. Er bewohnt die Korallenriffe in seichtem Wasser im Bereich von Thailand, den Nikobaren, Malaysia, und Sumatra und reicht im Osten bis Java. Sein Körper ist rostbraun bis orangefarben mit einem schwarzen, sattelartigen Fleck von unterschiedlicher Form und Größe am Rücken. Eine interessante Eigenschaft der Harlekinfische ist ihre Fähigkeit, mit Seeanemonen in Symbiose zu leben. Wieso den kleinen Fischchen im Bereich der todbringenden Fangarme dieser Nesseltiere keine Gefahr droht, wurde noch nicht eindeutig aufgeklärt.

Perl- oder **Vierbindenpreußenfisch** [256] (*Dascyllus melanurus*) ORDNUNG: BARSCHARTIGE

256

Der Perl- oder Vierbindenpreußenfisch ist etwa 7 cm lang. Er lebt in Küstengewässern, vor allem in Lagunen und in der Nähe von Häfen im indoaustralischen Gebiet – im Umkreis der Philippinen, in ganz Mikronesien und Melanesien sowie in Australien an der Küste des Staates Queensland. Im Pazifischen Ozean leben sieben Preußenfischarten, die alle auffällig schwarzweiß gefärbt sind. Sie halten sich in Tiefen bis zu 10 m auf und ernähren sich von Plankton, Krebslarven, Rogen und Algen. Im Aquarium sind sie friedlich und verträglich.

Schwalbenschwanz oder **Mönchsfisch** [257] (*Chromis chromis*) ORDNUNG: BARSCHARTIGE

Der kleine Fisch aus der Familie der Süßlippen (Pomacentridae) bewohnt seichte Küstengewässer und Korallenriffe im Atlantischen und vor allem Pazifischen Ozean.

257

Seine Länge beträgt 10–15, seltener 20 cm. Er ist im Mittelmeer vom Golf von Biscaya, der westafrikanischen Küste entlang bis zur Mündung des Rio de Oro verbreitet. Er bevorzugt Flachwasser mit steinigem Grund und lebt von Plankton und Algen.

Meerjunker, Langnasen-Korallenwächter [258] (*Oxycirrhites typus*)

ORDNUNG: BARSCHARTIGE

Die Büschelbarsche (Cirrhitidae) sind eine sehr interessante Seefischfamilie, die an die 30 Arten zählt. Sie bewohnen felsige Küsten und Korallenriffe im Indischen und Pazifischen Ozean. Ihr chakteristisches Merkmal sind die verstärkten unteren Strahlen der Brustflossen, auf die sich die Fische am Grund stützen. Die Strahlen im vorderen Teil der Rückenflossen sind zu faserigen Gebilden umgewandelt. Die Art tritt im Indischen und Pazifischen Ozean in einer Tiefe bis zu 70 m auf. Die Fische sind 10 cm lang und sehr schön gefärbt. Bei jedem Exemplar sind sowohl die männlichen als auch die weiblichen Geschlechtsorgane entwickelt, sie sind also Zwitter.

258

Flammen-Büschelbarsch oder **Feuer-Korallenwächter** [259]
(Neocirrhites armatus) ORDNUNG: BARSCHARTIGE

In der Färbung vieler Büschelbarsche herrscht Rot in verschiedenen Schattierungen vor, besonders bei *Neocirrhites*. Dieser Fisch hat einen feuerroten Körper, nur auf der Rückenflosse und um die Augen verlaufen dunkle Streifen. Er wird etwa 7 cm lang und ist im ganzen westlichen Teil des Pazifischen Ozeans verbreitet. Am häufigsten tritt er an Korallenriffen in Kolonien der Korallengattung *Pocillopora* auf. Die Fische leben einsiedlerisch und halten sich mit Vorliebe am Grund auf. Sie ernähren sich von Plankton, kleinen Wirbellosen und Fischbrut.

Die Mehrzahl der Büschelbarsche wächst bis zu einer Länge von rund 20 cm heran, einige Arten können jedoch sogar ein Gewicht von bis zu 4 kg erreichen. Büschelbarsche leben in Harem-Schwärmen, das größte Exemplar ist immer das Männchen.

259

260

Falken-Büschelbarsch [260] (*Cirrhitichthys falco*) ORDNUNG: BARSCHARTIGE

Der Büschelbarsch tritt im Indischen und Pazifischen Ozean im Flachwasser an Korallenriffen auf, vor allem in der Umgebung der Malediven und vor Sri Lanka. Er wird 10 cm lang. Der Rücken ist satt- bis braunrot. Die Flossenspitzen sind mit langen, faserigen weißen Büscheln versehen. Der Kopf ist mit einem Mosaik aus roten Streifen und gelblichen Tupfen geziert, der Bauch ist silbrig glänzend. Büschelbarsche lauern in den verzweigten Korallenstöcken auf Beute und brechen im geeigneten Augenblick hervor. Am häufigsten tritt er in den Tiefen von 5–40 m auf.

Bodianus diana [261] ORDNUNG: BARSCHARTIGE

Der *Bodianus diana* ist ein prachtvoll goldrot gefärbter Fisch, der an den Korallenriffen des Indischen und Pazifischen Ozeans auftritt. Er erreicht eine Länge von 24 cm.

261

Schiffshalter [262, 263] (*Echeneis naucrates*)

Die Vertreter der Familie Echeneidae gehören zu den bemerkenswertesten Fischen. Die erste Rückenflosse ist bei ihnen zu einer elliptischen Saugscheibe umgewandelt, die aus quergestellten Lamellen besteht. Die Saugscheibe befindet sich am stark abgeflachten Kopf und die Schiffshalter können sich mit ihrer Hilfe am Körper anderer Fische festsaugen. Als „blinde Passagiere" überwinden sie so ungeheure Entfernungen in Meeren und Ozeanen. Am häufigsten lassen sie sich von Haien, Zackenbarschen und anderen großen Fischen transportieren.

Es wurden 10 Schiffshalterarten beschrieben, die sich speziell in der Zahl und Form der Querlamellen auf der Saugscheibe unterscheiden. Der Schiffshalter wird 40–100 cm lang. Man kann ihm in allen tropischen und gemäßigten Meeren begegnen. Sein Körper ist in der Regel grau gefärbt, es treten jedoch auch rotbraune Exemplare auf. Der Fisch lebt räuberisch, seine Kiefer sind mit zahlreichen Zähnen besetzt. Wenn er nicht festgesaugt ist, jagt er Weichtiere und Fische, während des Transports ernährt er sich jedoch vor allem von den Nahrungsresten seiner Beförderer. An der nordaustralischen Küste verwendet die einheimische Bevölkerung den Schiffshalter zum Fangen von Seeschildkröten. Man bindet dem Fisch einen Strick um den Schwanz und wirft ihn an Stellen, wo sich Seeschildkröten befinden, ins Wasser. Der Fisch saugt sich instinktiv so fest an ihren Panzer an, dass es oft gelingt, die Schildkröte zum Kahn zu ziehen. Die Fischer glaubten, dass die Schiffshalter die Fahrt eines Schiffes bedrohen können. Der römische Historiker Plinius d. Ä. berichtet, die am Kiel von Kaiser Caligulas Schiff festgesaugten Schiffshalter hätten dazu beigetragen, dass der Kaiser eingeholt und ermordet wurde.

262

263

264

Mondsicheljunker [264] (*Thalassoma lunare*) *ORDNUNG: BARSCHARTIGE*

265

Die Meerjunker sind eine artenreiche Gruppe der Lippfische, die sich häufig durch eine schöne Färbung auszeichnet. Zu ihnen zählt auch der Mondsicheljunker aus dem Roten Meer und dem tropischen Teil des Pazifischen Ozeans. An seinem Körper wechseln auf blaugrünem Grund schwarzviolette Streifen und Tupfen ab. Er erreicht eine Länge von 25–30 cm und hält sich an Korallenriffen in Seegrasbeständen bis in eine Tiefe von 35 m auf. Junge Exemplare schließen sich zu Schwärmen zusammen, erwachsene Fische leben eher einsiedlerisch. Die Art ist sehr lebhaft und in Gefangenschaft etwas unruhig. Sie ernährt sich von kleinen Tieren und anderen Fischen.

Lienardella fasciata [265]

ORDNUNG: BARSCHARTIGE

Die Art ist ein Bewohner von Korallenriffen in tropischen Meeren, vom Roten Meer bis zu den Philippinen, Südjapan, Melanesien, die Karolinen und Samoainseln. Am Körper verlaufen fünf breite, gelb- bis dunkelbraune Bänder. Am Kopf befindet sich eine aus orangefarbenen, manchmal fast grünen Streifen gebildete Maske. Die Umgebung des fleischigen Maules ist gelb. An den Seiten beider Kiefer ragt ein Paar großer Zähne waagerecht hervor. Der Fisch wird bis zu 70 cm lang und hält sich vor allem am Grund auf, wo er verschiedene Wassertiere jagt.

Meerjunker [266] (*Coris julis*)

ORDNUNG: BARSCHARTIGE

Der Meerjunker ist ein vielerorts beliebter Speisefisch, wie aus der Aufnahme hervorgeht, die den Fischmarkt in Marseille zeigt, wo vorwiegend Meerjunker angeboten werden. Diese Art hat einen gestreckteren Körper als die Mehrzahl ihrer Verwandten und weist eine lange, zusammenhängende Rückenflosse auf. Der Fisch wird gewöhnlich 12–18, in seltenen Fällen auch 25 cm lang. Er lebt vor allem im Mittelmeer, im Atlantischen Ozean reicht sein Verbreitungsgebiet im Norden bis zu den Britischen Inseln und im Süden bis zur Küste Senegals. Er lebt in Schwärmen, die sich auf felsigem Grund aufhalten. Tagsüber ist er rege, bei Einbruch der Nacht oder auch beim Sinken der Wassertemperatur gräbt er sich in den Sand am Boden ein. Die Laichzeit fällt in den Sommer, der befruchtete Rogen schwebt frei im Wasser. Die Nahrung bilden Weich- und Schalentiere.

266

267

Papageifisch [267] (*Scarus ferrugineus*) ORDNUNG: BARSCHARTIGE

Die Papageifische (Scaridae) bewohnen Korallenriffe und Klippenküsten in allen warmen Meeren der Welt und besitzen ein typisch geformtes Maul. Die Zähne an beiden Kiefern sind zu scharfrandigen Knochenplatten verwachsen, die an einen Papageienschnabel erinnern. Daher rührt auch ihr Name. Der Papageifisch bewohnt das Rote Meer. Er erreicht eine Länge von 40 cm und ernährt sich vor allem von Algen. Die Aufnahme zeigt ein Weibchen.

Grüner Papageifisch [268] (*Sparisoma viride*) ORDNUNG: BARSCHARTIGE

268

Die meisten Papageifische zeigen eine sehr schöne Färbung. Das gilt auch für den Grünen Papageifisch. Bauch und Rückenflosse sind satt orangerot, Rücken und Kopf bräunlich bis sattgrün. Er tritt in großen Zahlen im Bereich der Bahamas, Bermudas und Südfloridas auf und weiter über den Golf von Mexiko bis nach Brasilien. Er wird 48 cm lang und ernährt sich von Korallenpolypen, die er abknickt und ihr Skelett zermalmt. Die Aufnahme zeigt ein Weibchen.

Papageifische laichen im freien Wasser. Die Männchen schwimmen spiralig um die Weibchen herum, gemeinsam steigen sie zur Oberfläche auf und sondern Rogen und Milch gleichzeitig ab.

Schwarzfleck-Sandbarsch [269] (*Parapercis hexophthalma*)

ORDNUNG: BARSCHARTIGE

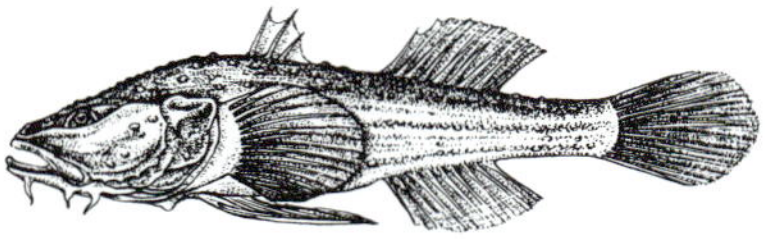

Der Körper von Großkopf-Grundel (*Benthophilus macrocephalus*) ist fast vollständig mit Knochenplättchen bedeckt.

269

Die Sandbarsche (Parapercidae) sind Seefische, die sich durch einen langgestreckten und dabei robusten Körper auszeichnen. Die meisten von ihnen bewohnen die warmen Gewässer des Indischen und Pazifischen Ozeans. Der Schwarzfleck-Sandbarsch erreicht eine Länge von 30 cm. Er ist graubraun gefärbt, der Bauch ist weiß. An der Rückenflosse befindet sich ein typischer schwarzer Fleck. Wie alle Sandbarsche jagt er kleine wirbellose Tiere sowie Fische.

Petermännchen [270] (*Trachinus draco*)

ORDNUNG: BARSCHARTIGE

Die Drachenfische (Trachinidae) sind Seefische mit einem schlanken, seitlich abgeflachten Körper und einem großen Kopf. Die kräftigen Stachel der ersten Rückenflosse und der mächtige Stachel am Kiemendeckel stehen mit Giftdrüsen in Verbindung, deren Gift die roten Blutkörperchen zersetzt. Die Art tritt im nordöstlichen Teil des Atlantischen Ozeans von Norwegen bis Madeira sowie im Mittel- und Schwarzen Meer auf.

Der Fisch wird 20–40 cm lang und lebt einsiedlerisch im Sand vergraben am Grund, wo er auf Beute – kleinere Krustentiere und kleine Fische – lauert.

270

Gestreifter Schleimfisch [271] (*Blennius gattorugine*) ORDNUNG: BARSCHFISCHE

271

Die Schleimfische (Bleniidae) umfassen etwa 70 Arten kleinerer Fische, die in den Küstengewässern der gemäßigten, subtropischen und tropischen Zone verbreitet sind. Der Gestreifte Schleimfisch ist im östlichen Atlantik von Nordschottland bis Senegal verbreitet und lebt auch im Mittel- und Schwarzen Meer. Er ist 15–20 cm lang und bevorzugt tiefere Gewässer, wo er sich am Grund verbirgt. Er ernährt sich von kleinen Krebsen und Fischen. Das Männchen bewacht den befruchteten Rogen und die geschlüpften Jungen.

Roux Schleimfisch [272] (*Blennius rouxi*) ORDNUNG: BARSCHARTIGE

Der Fisch lebt an Klippenküsten des Mittelmeers und der Adria. Sein Körper weist einen rosa bis gelben Schimmer auf, von der Stirn verläuft über den ganzen Rücken bis zur Basis der Schwanzflosse ein breites dunkelbraunes Band. Seine Länge beträgt 7 cm. Er ist ein Allesfresser und lebt von Algen und kleinen Tieren, die er am Grund fängt. Die Intensität seiner Färbung ändert sich je nach der Umwelt des Fisches, aber auch nach seiner augenblicklichen Laune. Die Aufnahme zeigt ein Weibchen.

272

273

Schwarzgrundel [273] (*Gobius niger*) ORDNUNG: BARSCHARTIGE

Die Schwarzgrundel lebt in den Meeren entlang der europäischen Küsten, in der Nord- und Ostsee, im Mittelmeer, der Adria und im Schwarzen Meer. Sie wird 20 cm lang und bevorzugt sandigen und schlammigen Grund. Das Weibchen legt von Mai bis August 1 000 – 6 000 Eier in Vertiefungen unter Steinen ab. Für das Gelege sorgt das Männchen. Die Schwarze Grundel hat schmackhaftes Fleisch und gilt in den Küstenländern in Öl gebraten als Leckerbissen.

Seewolf [187, 274] (*Anarrhichas lupus*) ORDNUNG: BARSCHARTIGE

Der Seewolf steht bei den Fischern im Ruf eines wilden, tobsüchtigen Fisches, der nach allem schnappt, wenn er gefangen wird. Zu seinem schlechten Ruf trägt wohl vor allem sein großes, breites Maul, aus dem die mächtigen Zähne herausragen. Er ist in den nördlichen Gebieten des Atlantik von Grönland bis zu Cap Cod verbreitet, bewohnt das Weiße Meer, den Golf von Biscaya und den Ärmelkanal. Er wird bis zu 1 2 m lang.

274

275

Aurora-Wächtergrundel [275] (*Amblyeleotris aurora*) *ORDNUNG: BARSCHARTIGE*

Den Meergrundeln (Gobiidae) werden an die 400 Arten kleiner Fische zugeordnet, die in allen Gewässern der Welt vorkommen. Die meisten leben in verschiedenen Verstecken am Grund. Die vorliegende Art erreicht eine Länge von etwa 8 cm und stammt aus dem Indischen Ozean. Sie gehört zu einer interessanten Gruppe von Meergrundelarten, die in enger Symbiose mit kleinen Krevetten der Gattung *Alphaeus* leben (Federzeichnung, S. 212).

276

Schmuck-Schwertgrundel oder **Violette Schläfergrundel** [276] (*Nemateleotris decora*)

ORDNUNG: BARSCHARTIGE

Nahe verwandt mit den Meeergrundeln sind die Schwertgrundeln aus der Familie Microdesmidae, die etwa 20 Arten umfasst. Eine der schönsten von ihnen ist *Nemateleotris decora*. An den Seiten ist der Körper hell, aber der Kopf und die Flosssen sind prächtig blauviolett und rot gefärbt. Die Art stammt aus dem westlichen Teil des Pazifischen Ozeans, wo sie die sandigen Ränder von Korallenriffen bewohnt. Wegen ihrer schönen Färbung wird sie auch in Aquarien gehalten.

Paletten-Leierfisch oder **LSD Mandarinfisch** [277] (*Synchiropus picturatus*)

ORDNUNG: BARSCHARTIGE

Der Paletten-Leierfisch stammt aus Küstengewässern im Bereich der Philippinen und Melanesiens. Vor allem das Männchen dieser 8–10 cm langen Art ist außerordentlich schön gefärbt. Der ganze Körper ist auf blaugrünem Grund mit dunkelblauen, gelb gesäumten Flecken übersät, die anmutige Ornamente bilden. Der Paletten-Leierfisch lebt am Grund, wo er sich in Spalten oder unter Steinen verbirgt. In den letzten Jahren kann man ihm immer häufiger in Aquarien begegnen. Interessant ist das Laichverhalten. Das Männchen versucht vor dem eigentlichen Laichakt, das Weibchen durch die auffällig aufgerichtete erste Rückenflosse und komplizierte Manöver für sich zu gewinnen.

277

278

Paganellgrundel [278] (*Gobius paganellus*)

ORDNUNG: BARSCHARTIGE

Die Paganellgrundel ist im nordöstlichen Atlantik von der westafrikanischen Küste bis zu den Britischen Inseln und dem Ärmelkanal verbreitet. Sie lebt auch im Mittel- und Schwarzen Meer. Die Art erreicht eine Länge von höchstens 14 cm. Ihr Körper ist bräunlich gefärbt, mit dunkler Marmorierung und Flecken an den Seiten. Die Bauchflossen sind verwachsen und bilden eine Saugplatte, mit deren Hilfe sich der Fisch am Grund an Steinen festhält. Er bevorzugt seichtes, ruhiges Wasser. Je nach den Klimabedingungen laicht er von Januar bis Juni. Die Weibchen legen die Eier auf Tang oder in leeren Gehäusen von Weichtieren ab. Die Paganellgrundel ist ein Raubfisch, der sich von kleinen Krebsen und Weichtieren sowie Fischbrut ernährt.

Zitronen-Grundel [279] (*Gobiodon citrinus*)

ORDNUNG:BARSCHARTIGE

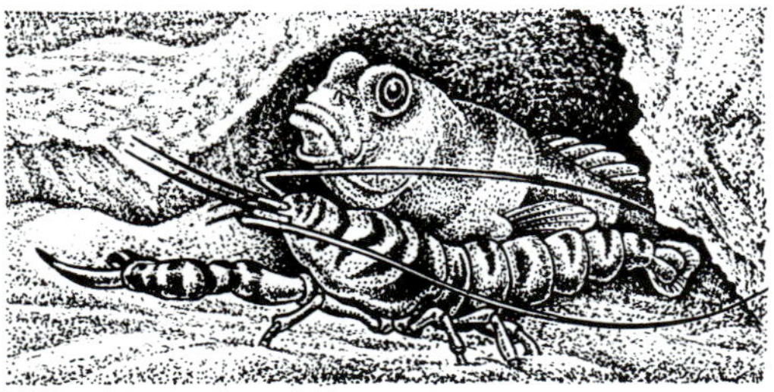

Das Zusammenleben der Meergrundeln aus der Gattung *Cryptocerus* mit kleinen Krevetten der Art *Alphaeus djiboutensis* bringt beiden Nutzen – dem Fisch ein Versteck, dem Krebs Nahrungsüberreste.

Diese Art ist nur 5 cm lang und bewohnt Korallenriffe im Pazifischen und Indischen Ozean, im Roten Meer, an der ostafrikanischen Küste, im Bereich der Seychellen, Melanesiens und der Fidschi-Inseln. Sie besitzt einen etwas höheren Rücken, einen großen Kopf und ist bunt gefärbt. Der Körper ist bräunlich bis gelb, die Basis der Rücken- und Afterflosse ist hellblau gesäumt, über die Augen und den Hinterkopf verlaufen blaue Querbinden. Der Fisch lebt in kleinen Schwärmen, die sich in Korallenkolonien vor Feinden verbergen. Er ernährt sich von Plankton.

279

Marmorierte Grundel [280] (*Proterorhinus marmoratus*) ORDNUNG: BARSCHARTIGE

280

Ein kleiner, unauffälliger, bräunlich gefärbter, 11–13 cm langer Fisch. Er bewohnt seichte Küstengewässer und Brackwasser, aber auch Süßwasser in den Zuflüssen des Schwarzen, Asowschen und Kaspischen Meeres. In der Donau tritt er von der Mündung bis zum Neusiedler See in Österreich auf. Die Bauchflossen sind zu einer Saugplatte umgewandelt, weil der Fisch fast ausschließlich am Boden lebt. Dank der unauffälligen Färbung lässt er sich kaum von der Umgebung unterscheiden. Die Männchen werden zur Laichzeit deutlich dunkler und an der Brustflosse erscheint ein roter Fleck. Die Laichzeit verläuft von April bis Mai, die Eltern bewachen das Gelege und die Brut.

Modder-Schlammspringer [281, 282, 283] (*Periophthalmus barbarus*)

ORDNUNG: BARSCHARTIGE

281

Eine besondere Gruppe von Fischen sind die Schlammspringer (Periophtalmidae). Diese kleinen Fische leben an der Grenze zwischen Meer und Festland in den tropischen Regionen des Atlantischen und Pazifischen Ozeans, vor allem in Mangrovenbeständen. Sie sind imstande, auch außerhalb des Wassers zu leben, wo sie sich mit Hilfe der mit kräftigen Muskeln versehenen Brustflossen fortbewegen. Der Schlammspringer ist etwa 15 cm lang und besitzt ein ausgedehntes Verbreitungsgebiet, das vom Roten Meer über die ostafrikanische Küste und Madagaskar bis nach Südostasien und Australien

282

283

reicht. Er ernährt sich von kleinen Tieren. Auf dem Festland atmet er mit der ganzen Körperoberfläche. Die Kiemen schützt er vor dem Austrocknen, indem er die Kiemendeckel zudrückt.

Boddart-Glotzauge [284] (*Boleophthalmus boddarti*) ORDNUNG: BARSCHARTIGE

Das Boddart-Glotzauge gehört zur Unterfamilie der Schlammspringer, die zur Familie Mugilidae (Meeräsche) gezählt werden. Im Unterschied zu den verwandten Schlammspringern begeben sie sich nicht aufs Festland, sondern kriechen nur bei Ebbe im Schlamm umher. Sie ernähren sich vorwiegend von Pflanzenkost – Algen. Das Boddart-Glotzauge ist etwa 13 cm lang und lebt in Ost- und Südasien in Brackwasser. In Ausnahmefällen tritt es auch in großen Seen auf.

284

Weißkehldoktorfisch [285] (*Acanthurus leucosternon*) ORDNUNG: BARSCHARTIGE

285

Die Doktorfische (Acanthuridae) erhielten ihren Namen nach den aufklappbaren, sehr scharfen Stacheln oder nach den flachen, aufrichtbaren, unterschiedlich gefärbten Knochenplättchen an beiden Seiten des Schwanzstiels. Diese Waffen dienen ihnen zur Verteidigung. Der Weißkehldoktorfisch wird 23 cm lang. Er bewohnt Korallenriffe im Bereich der Seychellen, Indiens und Sri Lankas. In der Natur lebt er einsiedlerisch oder in Paaren in Flachwasser. Bei Gefahr verbirgt er sich in einem zuvor ausgewählten Versteck.

(Paletten-) Doktorfisch [286] (*Paracanthurus hepatus*) ORDNUNG: BARSCHARTIGE

Die meisten Doktorfische ernähren sich von Algen. Auf den Riffen herrscht jedoch Mangel, deshalb kämpfen die Doktorfischschwärme häufig mit anderen Fischarten um die Nahrung. Der Paletten-Doktorfisch ist etwa 25 cm lang. Sein ganzer Körper ist blau gefärbt, nur ein schmaler, keilförmiger Fleck auf der Schwanzflosse ist gelb mit einem schwarzen Saum. Ältere Exemplare sind weniger auffällig gefärbt. Die Art tritt im ganzen Indischen und Pazifischen Ozean auf, ist aber nirgends häufig.

286

287

Rotmeer-Streifendoktorfisch [287] (*Acanthurus sohal*)

ORDNUNG: BARSCHARTIGE

Der Fisch ist ein Bewohner von Korallenriffen im Roten Meer. Er wird bis zu 30 cm lang. Erwachsene Tiere zeichnen sich durch ihre schöne Färbung aus. Die Flosssenränder säumt ein schmaler, strahlend blauer Streifen. Die Doktorfische werden häufig in Seewasseraquarien gehalten, wo sie helfen, unerwünschte Algenüberzüge zu beseitigen. Außer den Arten der Gattung *Zebrasoma* sind sie allerdings sehr empfindlich und werden häufig von parasitischen Einzellern befallen.

Gelber Segelflosser [288] (*Zebrasoma flavescens*)

ORDNUNG: BARSCHÄHNLICHE

Der Segelflosser ist wahrscheinlich der bekannteste Doktorfisch, unter anderem auch deshalb, weil er nicht so anspruchsvoll und empfindlich ist und sich ziemlich gut in großen Aquarien halten lässt. Diese etwa 20 cm lange Art bewohnt seichte Gewässer in der Umgebung der Hawaii-Inseln und Korallenriffe im westlichen Teil des Pazifischen Ozeans. Die Fische sind Allesfresser, die sich außer von Fadenalgen auch von kleinen Bodentieren ernähren. Im Aquarium passen ihm ruhige Mitbewohner. Nach dem Übergang auf die Ersatznahrung ist er widerstandsfähig.

288

289

Nashornfisch [289] (*Naso unicornis*)

ORDNUNG: BARSCHARTIGE

Dieser nahe Verwandte der Doktorfische aus der Gattung *Acanthurus* ernährt sich nicht von Algen, sondern von Plankton und bewohnt deshalb die freien Flächen über den Korallenriffen. Er wird etwa 40, manchmal bis zu 60 cm lang. Die Körperform ist ähnlich wie bei den anderen Doktorfischen, an der Stirn befindet sich allerdings ein auffallender, an ein Horn erinnernder Auswuchs. Bei den Männchen ist er größer als bei den Weibchen. Der Nashornfisch kommt im ganzen tropischen Teil des Pazifischen Ozeans vor.

Pfauenaugen-Buschfisch [290] (*Ctenopoma oxyrhynchum*)

ORDNUNG: BARSCHARTIGE

290

Die Gattung *Ctenopoma* gehört zur Gruppe der sog. Afrikanischen Labyrinthfische. Der Pfauenaugen-Buschfisch bewohnt den Unterlauf des Kongo und seine Zuflüsse. Er wird etwa 10 cm lang und ernährt sich von Pflanzenkost, kleinen wirbellosen Tieren und Fischbrut.

Der Kletterfisch (*Anabas testudineus*) kann in sehr warmen, schlammigen Gewässern leben und begibt sich auf der Nahrungssuche ans Land.

Zwergbuschfisch [291] (*Ctenopoma nanum*)

ORDNUNG: BARSCHARTIGE

Dieser kleinere Buschfisch, der höchstens 7,5 cm lang wird, lebt in den Gewässern südlich von Kamerun und im Kongo. Ähnlich wie der Pfauenaugen-Buschfisch wird er häufig in Aquarien gehalten. Bei den Aquarianern ist er vor allem wegen seines friedlichen Wesens und seiner Verträglichkeit beliebt.

291

Der Mosaikfadenfisch (*Trichogaster leeri*) ist ein beliebter Aquarienfisch.

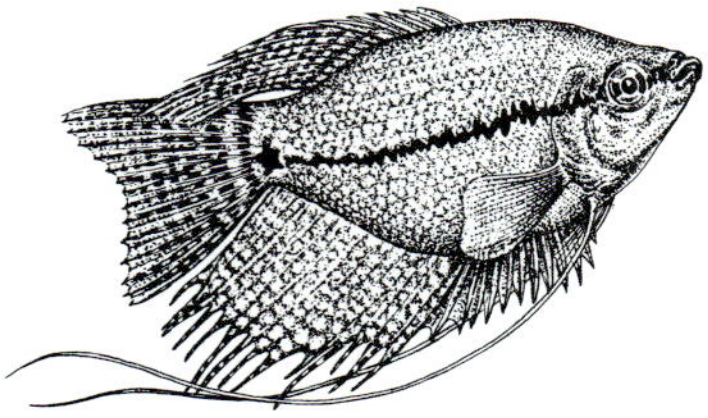

Kampffisch [292] (*Betta splendens*)

ORDNUNG: BARSCHARTIGE

Der Kampffisch gehört zur Gruppe der sog. Asiatischen Labyrinthfische. Er ist etwa 6 cm lang und war ursprünglich in Thailand und Südasien beheimatet. Heute lebt er, vom Menschen ausgesetzt, im ganzen tropischen Asien. Die Kampffischmännchen bauen in der Laichzeit Schaumnester, unter denen der Laichakt vor sich geht. Sobald das Weibchen die Eier abgelegt hat, befruchtet sie das Männchen, sammelt sie und vertreibt das Weibchen. Das Männchen bringt die befruchteten Eier im Nest unter und behütet sie sorgsam, ebenso wie später die Brut. Die Abb. zeigt zwei Männchen, *B. splendens* × *B. imbelis*-Hybriden.

292

Dicklippiger Fadenfisch [293, 294] (*Colisa labiosa*)

293

294

Ebenso wie der Buschfisch und der Kampffisch gehört auch diese Art zur Familie Kletterfische (Anabantidae), die wegen ihrem zusätzlichen Atmungsorgan, dem sog. Labyrinth, auch als Labyrinthfische bezeichnet werden. Durch dieses in einer Ausbuchtung der Kiemenhöhle befindliche Organ können die Labyrinthfische auch in warmen und verschlammten, sauerstoffarmen Gewässern leben. Der Dicklippige Fadenfisch ist eine gezüchtete Mutation, die sich nur schwer vermehren lässt, weil ihre Fortpflanzungsinstinkte gestört sind. Deshalb ist er bei den Züchtern verständlicherweise nicht beliebt.

Andere Fadenfisch-Arten sind bei den Züchtern hingegen sehr beliebt. Zu diesen Fischen gehört auch der Zwergfadenfisch (*Colisa lalia*), der eine Länge von 5 cm erreicht und sich im Unterschied zu den größeren Arten mit einem kleineren Becken (um 20 l) begnügt. Er erfordert hochwertiges, sauberes Wasser, weil er gegen höhere Stickstoffkonzentrationen empfindlich ist. Obwohl man es Fischen mit dieser geringen Körpergröße gar nicht zutrauen würde, bauen die Zwergfadenfisch-Männchen große Schaumnester auf, die sie reich mit Pflanzen ausflechten.

Kopf einen Stachelaals der Gattung *Macrognathus* mit typischen röhrenartig verlängerten Nasenlöchern.

295

Küssender Gurami [295] (*Helostoma temmincki*) ORDNUNG: BARSCHARTIGE

Zu den typischen Merkmalen der Guramis, Kletterfische und Paradiesfische gehört der fadenförmig verlängerte erste Strahl der Bauchflossen. Der Küssende Gurami ist in den Gewässern der Malaiischen Halbinsel, in Thailand und auf den Großen Sundainseln beheimatet. In der Natur wird er bis zu 30 cm lang, in Aquarien höchstens 15 cm. Ihren Artnamen verdanken diese Fische der Gewohnheit, sich gegenseitig mit dem Mund zu berühren und zu halten. Das ist jedoch meist keine Gunstbezeigung, sondern ein Bestandteil der ritualisierten Kämpfe zwischen Rivalen.

Rotstreifenstachelaal [296] (*Mastacembelus erythrotaenia*) ORDNUNG: BARSCHARTIGE

Die Stachelaale (Mastacembelidae) umfassen etwa 30 im tropischen Afrika und Südostasien lebende Arten aus Süß- und Brackwasser. Die unpaarigen Flossen sind meist zu einem zusammenhängenden Saum verwachsen und die Geruchsöffnungen befinden sich auf röhrenförmig verlängerten Nasenlöchern. Der Fisch erreicht eine Länge von etwa 30 cm und lebt in Burma, Thailand, sowie auf Sumatra und Borneo.

296

297

Meerkröte, Brauner Drachenkopf [297]
(Scorpaena porcus)

Kapitel 13

GIFTIGE SCHÖNHEIT

Die Drachenköpfe und die mit ihnen verwandten Arten werden manchmal den Barschartigen zugeordnet. Nach der Meinung vieler Zoologen unterscheiden sie sich jedoch so stark voneinander, dass sie in eine eigene Ordnung eingereiht werden sollten. Es handelt sich um eine ziemlich große Gruppe, die über 20 Familien und an die 1000 Arten umfasst. Die meisten leben in Süßwasser, mehr als 100 Arten bewohnen Meere und Ozeane und gerade sie sind am bekanntesten. Manche zeichnen sich durch außergewöhnliche Schönheit aus, so die Feuerfische, andere flößen uns Abscheu ein, z.B. die Drachenköpfe. Ohne Rücksicht auf ihr Aussehen haben diese Arten jedoch eines gemein: Sie verfügen über ein sehr wirksames Gift, das Scorpaenotoxin. Den Giftapparat der Drachenköpfe bilden zwei Stacheln der Rückenflosse, ein Stachel der Brustflossen und drei Stacheln der Afterflosse. Auf der Vorderseite jedes Stachels befinden sich zwei tiefe Rinnen, welche die länglichen Giftdrüsen enthalten. Das Gift wird direkt an der Oberfläche der Drüse abgesondert und fließt in Form einer viskösen farblosen Flüssigkeit aus, wenn die scharfe Stachelspitze in die Wunde eindringt. Es zersetzt sich verhältnismäßig rasch und verliert nach einigen Stunden seine Wirkung. Trotzdem kann es aber sogar einem Menschen gefährlich werden, wenn es in größeren Mengen in die Wunde gelangt. Die Drachenköpfe fallen den Menschen aber nicht selbst an, meist stechen sie, wenn man auf den am Grund verborgenen Fisch tritt oder ihn anfassen will.

Meerkröte, Brauner Drachenkopf [297] (*Scorpaena porcus*)

ORDNUNG: PANZERWANGEN

Die Meerkröte bewohnt felsige Küsten im westlichen Teil des Atlantischen Ozeans vom Golf von Biscaya bis Marokko, die Kanarischen Inseln und Azoren sowie das Mittel- und Schwarze Meer. Sie erreicht eine Länge von höchstens 25 cm und lebt einsiedlerisch; am Grund ist sie von ihrer Umgebung kaum zu unterscheiden. In der Dämmerung und nachts jagt sie kleine Krebse und Fische. Sie gehört zu den wenigen Fischarten, die sich ähnlich wie die Schlangen in gewissen Zeitabständen häuten.

298

299

Große Meersau [298, 299] (*Scorpaena scrofa*) *ORDNUNG: PANZERWANGEN*

Dieser Fisch ist die bekannteste Drachenkopfart. Er ist in den nordwestlichen Teilen des Atlantischen Ozeans von den Britischen Inseln bis nach Senegal verbreitet und lebt auch im Mittelmeer. Seine Länge beträgt 30–50 cm. Er bevorzugt reich gegliederte Küsten und felsigen Grund und lebt in Tiefen bis zu 500 m. Den größten Teil ihres Lebens verbringt die Meersau regungslos am Grund. Wird sie aufgescheucht, bricht sie blitzschnell hervor und sucht sich ein neues Versteck. Ihre Färbung ist sehr veränderlich und immer der Umgebung angepasst. Auf die Jagd nach kleinen Krebsen, Weichtieren und Fischen begibt sie sich erst in der Dämmerung. Die Weibchen legen die Eier in gallerteartigen Häufchen auf dem Grund ab.

Rotfeuerfisch [300] (*Pterois volitans*) *ORDNUNG PANZERWANGEN*

Wegen ihrer Schönheit werden die Feuerfische manchmal auch Seelöwen genannt. Sie wurden seit jeher bewundert und heute gehören sie zur Zierde jedes Seeaquariums, obwohl sie hochgiftig sind. Ihr Giftapparat besteht aus langen Stacheln der Rücken-, und Brustflosse und Afterflossen. Im mittleren Teil der Flossen befinden sich in einer Rinne die Giftdrüsen. Der Rotfeuerfisch lebt im Roten Meer, an der ostafrikanischen Küste und im Indischen Ozean bis Polynesien. Er wird 35 cm lang und an seinem Körper wechseln braunschwarze und helle Bänder ab. Bekannt sind rote, aber auch graue, eventuell dunkle bis schwarze Formen.

Strahlensaum-Feuerfisch [301] (*Pterois lumulatus*) *ORDNUNG: PANZERWANGEN*

Diese Art ist im ganzen Indischen Ozean und im tropischen Teil des Pazifischen Ozeans verbreitet. Sie ist etwa 25 cm lang, der freie Teil der Stachel ist weniger lang und auf

300

den Brustflosssen befinden sich dunkle Flecken und Tupfen. Die Grundfarbe des Körpers ist Rosa.

301

Nematopterois biocellatus [302]

ORDNUNG: PANZERWANGEN

302

Diese schön gefärbte, mit den Feuerfischen verwandte Art ist weniger bekannt. Manche Zoologen ordnen sie der Gattung *Dendrochirus* oder *Brachirus* zu. Der Fisch erreicht eine Länge von höchstens 12 cm, in seiner Färbung herrschen Braun und Gelb vor, ein Unterschied zu den Feuerfischen. Typische Merkmale sind zwei dunkle Flecken auf der weichen Rückenflosse und zwei lange, häutige Anhängsel-Fühler am Obenkiefer. Der Fisch ist verhältnismäßig selten. Er lebt in der Umgebung der Philippinen.

Krokodilfisch [303] (*Cociella crocodylia*)

ORDNUNG: PANZERWANGEN

Mit den Drachenköpfen (*Scorpaenidae*) sind die Krokodilfische der Familie Platycephalidae verwandt, die etwa 20 Gattungen und 80 Arten umfassen. Der räuberische Krokodilfisch (*Cociella crocodylia*) bewohnt Küstengewässer des Indischen Ozeans, samt Rotes Meer. Er besitzt einen flachen Kopf, große, hervortretende Augen und lange Kiefer. Die unauffällige graubraune Färbung ermöglicht dem Fisch eine gute Anpassung an seine Umgebung. Er wird etwa 20 cm lang und lebt bei der Küste am Meeresboden.

303

Roter Knurrhahn [304] (*Trigla lucerna*)

ORDNUNG: PANZERWANGEN

Die Knurrhähne (Triglidae) sind mittelgroße, 50–70 cm lange Fische. Ihr großer Kopf ist mit einer starken Knochenplatte gepanzert. Ein anderes typisches Merkmal sind drei verstärkte, freie Strahlen der Brustflossen, die zum Stützen des Körpers und seinem Vorschieben beim „Schreiten" auf dem Grund dienen. Der Rote Knurrhahn bewohnt den nordöstlichen Teil des Atlantischen Ozeans und erreicht eine Länge von 70 cm.

304

Grauer Knurrhahn [305] (*Trigla gurnardus*)

ORDNUNG: PANZERWANGEN

Der Graue Knurrhahn ist im nordöstlichen Teil des Atlantischen Ozeans von Norwegen und Island bis an die westafrikanische Küste verbreitet und bewohnt auch die Ostsee, das Mittel- und Schwarze Meer. Er wird 30–50 cm lang. Den größten Teil seines Lebens verbringt er am Meeresgrund in einer Tiefe von 10–200 m. Er bildet kleine Schwärme, die besonders im Sommer zu den Sandbänken an den Küsten ziehen. Wie alle Knurrhähne ist er ein Raubfisch, der auf kleine Krebse und Fische Jagd macht.

305

306

Gemeiner Flughahn [306] (*Dactylopterus volitans*) *ORDNUNG: PANZERWANGEN*

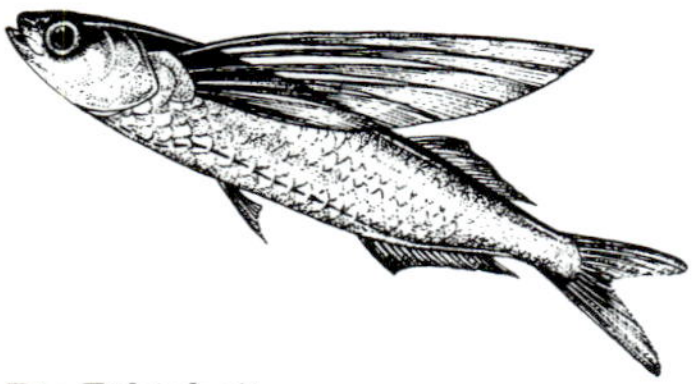

Die Fähigkeit, über der Wasseroberfläche zu gleiten, besitzen mehrere Fischarten, die verschiedenen Ordnungen angehören, z.B. auch die fliegenden Fische der Gattung *Cheilopogon*.

Die Flughähne werden manchmal in eine selbständige Ordnung, Dactylopteriformes, eingereiht. Mit Hilfe der stark vergrößerten Brustflosssen sind sie imstande, einen passiven Gleitflug über der Wasseroberfläche auszuführen. In der Körperform ähnelt der Gemeine Flughahn den Knurrhähnen, auch bei ihm ist der Kopf mit einem Knochenpanzer bedeckt. Er wird 50 cm lang. Beheimatet ist er im nördlichen und östlichen Teil des Atlantischen Ozeans, von den Britischen Inseln bis Angola. Er lebt auch im Mittelmeer in einer Tiefe von höchstens 30 m. Den größten Teil seines Lebens verbringt er regungslos am Grund, die vergrößerten Brustflossen sind dabei nach hinten gefaltet. Wird er aufgescheucht oder begibt er sich auf die Jagd, spreizt er die Flossen weit auseinander und schwingt sie im Wasser wie Flügel. Über den Wasserspiegel gelangt er, indem er einen mächtigen Sprung vollführt , dann gleitet er für kurze Zeit durch die Luft. Der Flughahn ernährt sich hauptsächlich von kleinen Krebsen.

Groppe, Kaulkopf [307, 308] (*Cottus gobio*) *ORDNUNG: PANZERWANGEN*

Saubere, sauerstoffreiche Gewässer in Europa und Asien werden von einigen Groppenarten (Cottidae) bewohnt. Sie haben einen großen Kopf mit hervortretenden Augen und einen spindelförmigen, schuppenlosen Körper. Die Groppe ist ein typischer Bewohner von flacheren, klaren Gewässern der Forellenregion mit sandigem oder steinigem Grund. Tagsüber verbirgt sie sich unter Steinen und Wurzeln, zu jagen beginnt

307

308

sie erst bei Anbruch der Dämmerung. Wird sie gestört, verlässt sie hastig ihr Versteck, schwimmt am Grund hin und her und bemüht sich, möglichst rasch ein neues Versteck zu finden. Sie erreicht eine Länge von 10–15, bisweilen auch 18 cm. Als Nahrung dienen ihr kleine Tiere, Insektenlarven und Fischbrut. Weil sie Rogen frisst und Forellenbrut jagt, ist sie bei den Sportfischern, die sie als „bösen Geist der Gebirgswässer" bezeichnen, nicht beliebt. Aufgrund der Gewässerverschmutzung ist die Groppe jedoch heute schon ziemlich selten.

Der mit den Groppen verwandte Ölfisch aus der Gattung *Comephorus* ist eine endemische Art des Baikalsees. Er ist nicht länger als 20 cm. Für die sibirischen Völker war er seit jeher ein Nutzfisch, dessen Fleisch große Mengen von Fett enthält, das als Rohstoff zur Herstellung verschiedener Heilmittel dient.

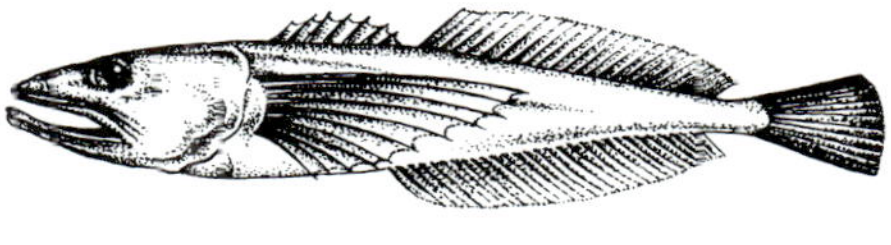

309

Steinbutt [309] (*Scophthalmus maximus*)

Im freien Wasser bewegt sich der Steinbutt durch wellenförmige Bewegungen des ganzen Körpers.

Kapitel 14

FLADENFÖRMIGE FISCHE

Die Ordnung Plattfische (Pleuronectiformes) gehört zur Verwandtschaft der Barsche und umfasst 6 Familien mit mehr als 520 Arten. Von allen anderen Fischen unterscheiden sich die Plattfische durch ihre Körperform. Der Körper der erwachsenen Fische ist stark abgeflacht und auf der Oberseite etwas gewölbt. Nach dem Schlüpfen sind die Larven normal bilateralsymmetrisch gebaut und schwimmen wie andere Fische. Im Laufe des Heranwachsens beginnen sie quer auf einer Seite liegend zu schwimmen, und ein Auge wandert von der unteren, der künftigen Bauchseite, auf die Oberseite. Diese Verschiebung des Auges ist aus anatomischer Sicht ein sehr komplizierter Vorgang, weil es zu Veränderungen in der Leitung der Nerven sowie zur Verschiebung von Knochen und großen Muskelgruppen kommen muss. Es ist interessant, dass sich bei manchen Arten das linke, bei anderen das rechte Auge verschiebt.

Alle Plattfische leben räuberisch und verbringen den größten Teil ihres Lebens am Grund. Manche Arten schwimmen bei Anbruch der Dämmerung zur Oberfläche, um dort zu jagen. Die Plattfische besitzen die außergewöhnliche Fähigkeit, sich in ihrer Färbung jeder Umgebung anpassen zu können, deshalb ist es sehr schwer, sie am Grund ausfindig zu machen. Die Unterseite des Körpers ist nicht pigmentiert, also hell. Die meisten Plattfische sind Meeresbewohner, nur manche Arten wandern zur Laichzeit in die Flüsse. Ihr Fleisch ist ziemlich fett aber schmackhaft und sie gehören zu den wichtigsten Nutzfischen.

Steinbutt [309] (*Scophthalmus maximus*) *ORDNUNG: PLATTFISCHE*

Der Steinbutt ist im nordwestlichen Teil des Atlantischen Ozeans und im Mittelmeer verbreitet. Er besitzt einen symmetrischen, kreisförmigen Körper und erreicht eine

310

Länge von 1 m. Er hält sich am Grund auf, die Jungfische leben im Flachwassser in Küstennähe. Die Fische laichen im Frühjahr und Sommer. Sie gehören zu den fruchtbarsten Fischen überhaupt, das Weibchen kann bis zu 15 Millionen Eier ablegen. Der Rogen schwebt frei im Wasser und schon nach einigen Tagen schlüpfen die normal bilateralsymmetrischen Larven, die sich im Alter von 4–6 Monaten umwandeln und dann auf der rechten Seite am Grund liegen.

Rotzunge oder **Limande** [310] (*Microstomus kitt*)

ORDNUNG: PLATTFISCHE

Die Plattfische der Gattung *Microstomus* besitzen einen breiten, ovalen Körper mit den Augen auf der rechten Seite. Sie leben an der europäischen Küste im nordöstlichen Teil des Atlantischen Ozeans und in der Nordsee. Im Verhältnis zu ihrem Körper sind Kopf und Maul klein. Die Fische erreichen eine Länge von 20–30, höchstens 50 cm. Sie treten in Küstennähe in einer Tiefe von 30–200 m auf, wo sie am Grund liegen. Diese Plattfische sind auf das Verzehren von Borstenwürmern spezialisiert, die sie gewandt aus den schützenden Röhren hervorziehen. Daneben benagen sie die weichen Körperteile von Weich- und Schalentieren.

Scholle [311] (*Pleuronectes platessa*)

ORDNUNG: PLATTFISCHE

Die Scholle besitzt einen ovalen Körper mit den Augen auf der rechten Seite. Sie erreicht eine Länge von 25–40, in seltenen Fällen bis 90 cm und lebt im nördlichen und östlichen Teil des Atlantischen Ozeans vom Weißen Meer bis Südportugal und im westlichen Teil des Mittelmeers in Tiefen von 200–400 m. Die Fische wandern auch in die Brackwasserzone in den Mündungen großer Flüsse, wo sie reiche Nahrung finden. Sie besteht aus Würmern, kleinen Krebsen und Weichtieren. Das Laichen erfolgt in den Wintermonaten und im Frühjahr.

311

312

Heilbutt [312] (*Hippoglossus hippoglossus*) *ORDNUNG: PLATTFISCHE*

Der Heilbutt ist der bekannteste Plattfisch, der in Nordeuropa und Kanada auch am meisten gefischt wird. Sein Körper ist oval, länglich, bis zu 3,5 m lang und 300 kg schwer. Man kann ihm vom Weißen Meer bis zum Golf von Biscaya begegnen, er lebt auch in der Nordsee, seltener tritt er in der Ostsee auf. Je kühler das Meerwasser ist, desto größere Tiefen sucht er auf. In der Nordsee wurde er in einer Tiefe von 700 m beobachtet. Er verlangt Wasser mit einem hohen Salzgehalt und die Wassertemperatur darf höchstens 8°C betragen. Mit Vorliebe hält er sich auf sandigem oder steinigem Grund auf. Zur Jagd begibt er sich in der Dämmerung an die Oberfläche oder über Sandbänke. Er ernährt sich vor allem von Fischen, aber auch von Tintenfischen und Schalentieren. Das Laichen dauert von Dezember bis April. Ein erwachsenes Weibchen kann bis zu 3,5 Millionen 3–4 mm große Eier ablegen. Der befruchtete Rogen schwebt frei im Wasser und die Brut schlüpft nach 9–16 Tagen. Die etwa 7 mm langen Larven halten sich in Küstennähe auf. Wenn sie eine Länge von etwa 4 cm erreicht haben, gehen sie zum Leben am Grund über. Die Umwandlung in einen typischen Heilbutt ist beendet, wenn die Fische etwa 30 cm lang sind. Das Fleisch des Heilbutts enthält bis zu 5% Fett und wird sehr geschätzt. Aus der Leber wird Tran gewonnen, der 200 mal mehr Vitamin A enthält als der bekannte Dorsch-Lebertran. Der Heilbutt kann ein Alter von 30 Jahren erreichen, aber wegen der intensiven Befischung trifft man solche Exemplare heute nicht mehr an. Forschungsarbeiten haben gezeigt, dass die Fische auf ihren Wanderungen in den Ozeanen Tausende von Kilometern zurücklegen.

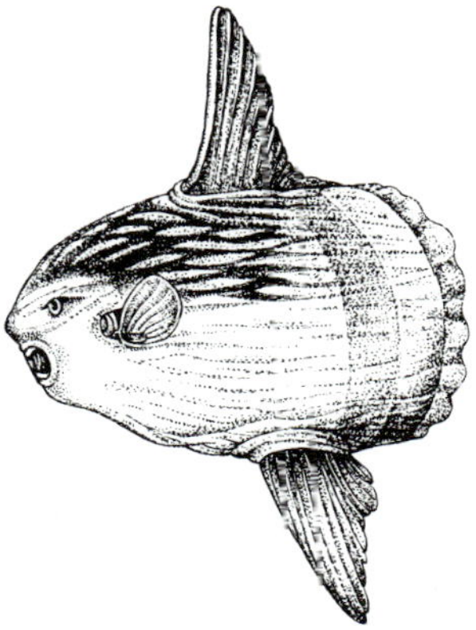

Den Plattfischen sind die Kampffische der Gattung *Mola* ähnlich. Diese gehören jedoch zu den Haftkiefern (Tetraodontiformes). Sie schwimmen frei im Wasser und liegen nicht auf einer Seite wie die Plattfische.

313

Gepunkteter Igelfisch [313] (*Diodon hystrix*)

Kapitel 15

GEHARNISCHTE FISCHE

Die meisten Vertreter der Ordnung Kugelfischartige (Tetraodontiformes) sind in subtropischen und tropischen Meeren und Ozeanen verbreitet. Von den mehr als 320 Arten haben sich nur einige in Süßwasser angesiedelt. Die Fische besitzen einen kurzen Körper, der bei manchen Arten mit einem festen Panzer aus Knochenplättchen bedeckt ist, die außerdem noch mit verschiedenen Auswüchsen und Stacheln bewehrt sind. Manche Haftkiefer, so z.B. die Igelfische, können ihren Körperumfang mit Hilfe einer sackförmigen Ausstülpung des Darmes rasch verändern, indem sie den Sack bei Gefahr mit Luft vollpumpen oder Wasser schlucken und sich in eine Kugel verwandeln, aus der nach allen Richtungen Stacheln herausragen. Ein weiteres typisches Merkmal der Kugelfische ist eine starke Reduktion der Kiemendeckelknochen, der Bauchflossengürtel fehlt vollständig. Die Kiemenspalten sind klein, die Schuppen rau oder in Stacheln umgewandelt. Den Namen Tetraodontiformes verdanken die Fische den knochigen Zahnplättchen, die in jedem Kiefer durch eine Furche in jeweils zwei Plättchen geteilt sind. Manchmal sind diese Zahnplättchen jedoch auch ungeteilt, beispielsweise bei den Igelfischen. Die Ordnung wird in einige Gruppen untergliedert, von denen die Drücker- und Kugelfische die größten und bekanntesten sind. Zu den weiteren Gruppen zählen die Igel-, Koffer- und Feilenfische sowie einige andere wenig bekannte, artenarme Familien. Unter den Haftkiefern gibt es auch Arten, deren Fleisch unter bestimmten, bislang nicht aufgeklärten Umständen giftig ist. So gilt Tetraodon vermicularis *in Japan als erlesener Leckerbissen („Fugo"), alljährlich bezahlen jedoch mehrere Menschen seinen Genuss mit dem Tode.*

Rotzahn-Drückerfisch [314] (*Odonus niger*)

ORDNUNG: HAFTKIEFER

Der Rotzahn-Drückerfisch tritt sowohl im Indischen Ozean als auch in den tropischen Teilen des Pazifischen Ozeans auf. Er erreicht eine Länge von 50 cm und zeichnet sich durch eine sehr veränderliche Färbung aus. Ein typisches Merkmal ist die sichelförmig ausgeschnittene Schwanzflosse. Der Fisch wird sehr häufig in Seewasseraquarien gehalten, denn er ist lebhaft, sehr verträglich, ausgesprochen neugierig und zahm.

314

315

Picassofisch (Gemeiner Picassodrücker) [315] (*Rhinecanthus aculeatus*)

ORDNUNG: HAFTKIEFER

Der Picassofisch ist einer der farbenprächtigsten Drückerfische (Balistidae). Er lebt an Korallenriffen und im tropischen Teil des Indischen und Pazifischen Ozeans und wird etwa 30 cm lang. Er besistzt einen rautenförmigen, seitlich abgeflachten Körper und einen auffallend großen Kopf mit einem länglichen Maul. In der Rückenflosse befinden sich drei harte, stachelförmige Strahlen – ein charakteristisches Merkmal der Drückerfische. Der erste Strahl ist der stärkste und kann frei aufgerichtet werden. Er dient nicht nur zur Verteidigung, der Fisch kann sich mit seiner Hilfe auch in seinem Versteck verschanzen, so dass man ihn nicht herausziehen kann. Auf beiden Seiten des Schwanzstiels befinden sich mehrere Reihen kleiner, nach hinten gerichteter Dornen in einem schwarzen Feld. Der Picassofisch kann durch Aneinanderreiben der Schultergürtelknochen rasselnde Töne von sich geben, die durch die Schwimmblase noch verstärkt werden.

Leoparden-Drückerfisch [316, 317] (*Balistoides conspicillum*) *ORDNUNG: HAFTKIEFER*

Der Leoparden-Drückerfisch ist in der zoologischen Literatur auch unter dem Namen *Balistoides niger* bekannt. Er erreicht eine Länge von 50 cm und ist prächtig gefärbt. Er lebt an Korallenriffen im Indischen und Pazifischen Ozean entlang der Küste Ostafrikas, über die Seychellen, Madagaskar, die Philippinen, Südjapan, die Karolinen, Neuguinea, die Salomonen und Fidschi bis Nordaustralien. Obwohl sein Verbreitungsgebiet so ausgedehnt ist, tritt er nirgends in großen Zahlen auf. Wie alle Drückerfische ernährt er sich von den Weichteilen von Korallen, Weichtieren und Seeigeln. Die harten Skelette zermalmt und zerbricht er mit Hilfe seiner kräftigen, meißelförmigen Zähne. Oft wird er in Seeaquarien gehalten. Zu seinen unangenehmen Eigenschaften gehört jedoch seine große Bissigkeit.

316

317

318

Langschwanz-Feilenfisch [318] (*Alutera scripta*) *ORDNUNG: HAFTKIEFER*

Der Langschwanz-Feilenfisch ist ein Bewohner der tropischen und subtropischen Gewässer. Am häufigsten ist dieser bis zu 1 m lange Fisch an Korallenriffen anzutreffen. Er ist schön gefärbt; auf gelbem bis rotem Grund verlaufen am ganzen Körper blaue Streifen, Flecken und Tupfen. Am Kopf befindet sich der typische verlängerte freie Strahl der Rückenflosse. Das ungewöhnliche Äußere des Fisches wird noch durch die breite, verschieden lange Schwanzflosse verstärkt, die oft an die Flossen der Schleierschwänze erinnert.

Röhrenmund-Feilenfisch [319] (*Oxymonacanthus longirostris*)
ORDNUNG: HAFTKIEFER

Die Vertreter der Feilenfische (Monacanthidae) sind mittelgroße Fische, die eine gewisse Ähnlichkeit mit den Dreistachlern haben. Im Unterschied zu ihnen tragen sie jedoch auf dem Kopf einen einzelnen, aufrichtbaren Strahl, ein Überbleibsel der ersten Rückenflosse. Der Fisch mit der charakteristischen langgestreckten Schnauze ist prachtvoll gefärbt. Er erreicht eine Länge von 8–10 cm und bewohnt hauptsächlich die Korallenriffe im tropischen Teil des Indischen und Pazifischen Ozeans. Er ernährt sich von Korallen, deren Skelett er mit seinen kräftigen Zähnen zermalmt.

319

Weißflecken-Kugelfisch oder **Grauer Puffer** [320] (*Arothron hispidus*)

ORDNUNG: HAFTKIEFER

320

Der Weißflecken-Kugelfisch ist in den tropischen Gewässern des Indischen und Pazifischen Ozeans vor allem in der Umgebung der Seychellen und Hawaii-Inseln beheimatet. Seine Länge beträgt bis zu 50 cm. Am dunkel gefärbten Rücken befinden sich blauweiße Tupfen und Flecken. Die Basis der Brustflossen ist mit einem gelben Ring gesäumt. Der Fisch lebt räuberisch, er ernährt sich von Seeschalentieren, Muscheln und anderen kleinen Tieren. Sein Fleisch ist giftig. Manchmal wird er in Aquarien gehalten, er ist jedoch unverträglich und bissig.

321

Riesenkugelfisch [321] (*Arothron stellatus*) *ORDNUNG: HAFTKIEFER.*

Die Art gehört zu den großen Igelfischen. Sie erreicht eine Länge von 90 cm. Beheimatet ist sie in den Küstengewässern des Indischen Ozeans von der Küste Ostafrikas über die Seychellen bis in den Pazifischen Ozean, wo sie vor allem in Melanesien und an der Küste des australischen Staates Queensland auftritt. Der helle, gelbbraune Körper ist mit kurzen Dornen bedeckt. Die obere Körperhälfte ist dunkel getupft, die Augen sind rot. Der Fisch ernährt sich von Seeschalentieren und Weichtieren. Sein Fleisch und vor allem die Eingeweide sind sehr giftig.

Die Jungen sind rot gefärbt, mit schwarzen Streifen am Bauch und dunklen Flecken am Rücken. Während des Heranwachsens verschwinden die schwarzen Streifen und die rote Färbung, es bleibt nur die typische Tüpfelung. Diese Art kann man nur in Wasserbecken mit einem größeren Umfang als 1000 Liter halten.

Igelfisch, Stachelschweinfisch [313, 322, 323] (*Diodon hystrix*) *ORDNUNG: HAFTKIEFER*

Der Stachelschweinfisch erreicht eine Länge von 70 cm. Man kann ihm in allen warmen Meeren und Ozeanen begegnen. Von den nahe verwandten Kugelfischen unterscheiden sich die Igelfische (Diodontidae) dadurch, dass ihr Körper mit Stacheln bedeckt ist. Fühlt sich der Stachelschweinfisch bedroht, beginnt er Wasser oder Luft zu schlucken und verwandelt sich in eine stachelige Kugel, so dass der Angreifer

322

gewöhnlich von seinen vergeblichen Bemühungen, ihm auf den Leib zu rücken ablässt. Die Stacheln der Igelfische können schmerzhafte und schlecht heilende Verletzungen verursachen.

323

324

Kugelfisch [324] (*Chonerhinus naritus*) *ORDNUNG: HAFTKIEFER*

Die Kugelfische der Gattung *Chonerhinus* gehören zu den etwa 15 Haftkieferarten, die in Süßwasser leben. Neben der vorliegenden Art, die in Thailand lebt, trifft das auch für *Ch. africanus* aus dem Kongo, *Ch. modestus* aus Südasien und *Colomesus asellus* aus Südamerika zu. Auch einige Vertreter der Gattung *Tetraodon* leben in Süßwasser, die anderen sind Meeresbewohner.

Zu den häufig gehaltenen Süßwasserkugelfischen gehört der Grüne Kugelfisch (*Tetraodon fluviatililis*), eine nicht einmal 20 cm lange Art aus Süd- und Südostasien. Probleme werden manchmal durch seinen unverträglichen und räuberischen Charakter verursacht.

Kuhfisch, Langhorn-Kofferfisch [325, 326] (*Lactoria cornuta*) *ORDNUNG: HAFTKIEFER*

Der Kuhfisch, der bisweilen der Gattung *Ostracion* beigeordnet wird, ist der bekannteste und am häufigsten in Aquarien gehaltene Kofferfisch. Er erreicht eine Länge von 50 cm. Mit zunehmendem Alter verlängert sich seine Schwanzflosse, so dass sie bei einem erwachsenen Fisch ebenso lang sein kann wie der Körper. Die Färbung

325

ist sehr variabel. Der Fisch bewohnt den Indischen und Pazifischen Ozean mit Ausnahme der Hawaii-Inseln. Er bewegt sich langsam und unbeholfen.

326

327

Sternen-Kugelfisch [327] (*Arothron meleagris*) ORDNUNG: HAFTKIEFER

Die Art wird 50 cm lang. Sie kommt an Korallenriffen von der Küste Ostafrikas über das Arabische Meer bis Sri Lanka vor. Er lebt in Tiefen von 3 bis 25 m. Die Grundfärbung des Fisches ist dunkelbraun, mit kleinen weißen Flecken auch auf den Flossen. Er ist ein Allesfresser. Im Aquarium wächst er schnell und ist außergewöhnlich bissig. Gegen Wasserverschmutzung ist er sehr widerstandsfähig.

Gelbbrauner Kofferfisch [328] (*Ostracion cubicus*) ORDNUNG: HAFTKIEFER

Der Gelbbraune Kofferfisch erreicht eine Länge von 25 cm und lebt an Korallenriffen im Indischen und Pazifischen Ozean. Die erwachsenen Fische sind blau und gelb gefärbt, die Jungfische ganz gelb mit schwarzen Tupfen. Der Kofferfisch ernährt sich von kleinen wirbellosen Tieren. Ihren Namen verdanken die Kofferfische ihrem viereckigen Körper. Der ganze Körper mit Ausnahme der Kiefer und Flossen ist nämlich in einen Panzer aus sechseckigen Plättchen eingeschlossen. Die Bauchflossen fehlen. Der feste Panzer verhindert eine Veränderug des Körperumfangs, deshalb besitzen die Kofferfische keinen „Luftsack“ wie z.B. die Igelfische. Sie leben räuberisch, am häufigsten jagen sie kleine Krebse und andere Bodentiere. Bei vielen Arten bilden

328

jedoch auch Pflanzen einen wichtigen Bestandteil der Nahrung. Die Kofferfische werden in zwei Gruppen eingeteilt, die Familie Aracanidae mit 10 Arten, die vor allem in der australischen Region verbreitet ist, und die Familie Ostracionidae mit 15 Arten, die in den warmen Meeren der ganzen Welt vorkommen.

Kofferfische bewegen sich ziemlich unbeholfen, weil sie die Schwanzflosse fast nicht benutzen. Nur wenn ihnen Gefahr droht, bemühen sie sich, mit einer raschen Bewegung des Schwanzes einen kleinen „Sprung" zu vollführen und aus dem Blickfeld des Feindes zu verschwinden. Den Kofferfischen kann man häufig in Seewasseraquarien begegnen, aber ihre Haltung ist nicht einfach. Sind im Aquarium noch andere Fische, können sich die Kofferfische wegen ihrer langsamen Bewegungen meist nicht einmal sattessen. Erfahrene Aquarianer empfehlen, sie nicht in Aquarien mit großen Seeanemonen zu halten, denn die unbeholfenen und unvorsichtigen Fische könnten zu ihrer Beute werden.

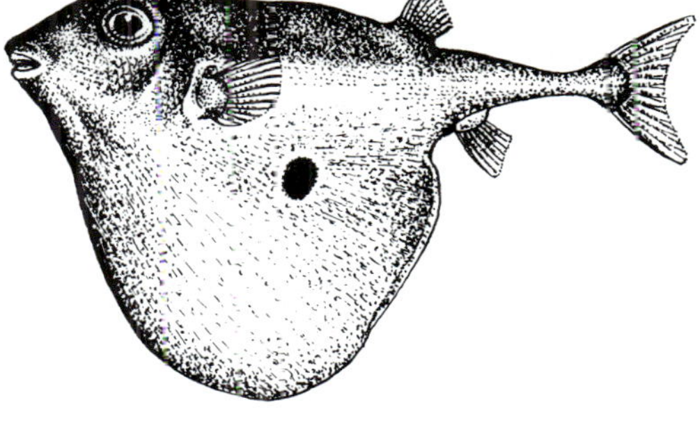

Der Bauchsack-Kugelfisch (*Triodon bursarius*) trägt am Bauch einen großen Lappen, den er weder mit Wasser noch mit Luft anfüllt, wenn er angegriffen wird, sondern ihn mit Hilfe der Beckengürtelknochen ausdehnt.

329

Tiefsee-Anglerfisch [329] (*Himantolophus spec.*)

Kapitel 16

PHANTOME DER TIEFEN UND DES MEERESGRUNDES

Der Körperbau vieler Tiefseefische zeichnet sich durch bizarre Formen aus.

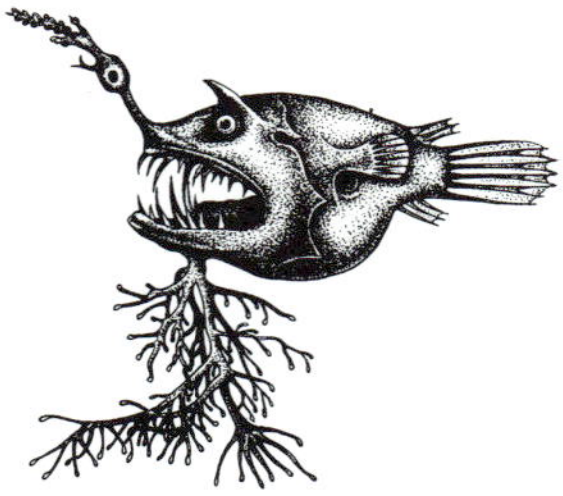

Der Anglerfisch (*Linophryne arborifera*) erreicht eine Länge von höchstens 7 cm und lebt in Tiefen von 100–3 000 m.

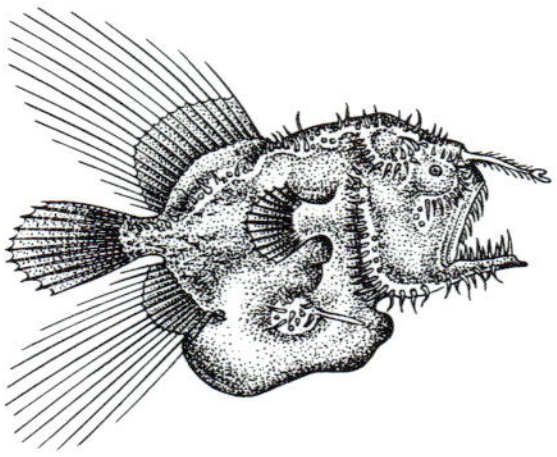

Caulophryne jordani ist etwa 20 cm lang und lebt in einer Tiefe von 10–1 500 m.

Es ist bezeichnend für den Menschen, dass er die Tiere und ihre Lebensweise vorwiegend aus seiner eigenen Sicht beurteilt. Das gilt auch für die Bewertung der Fische. Manche von ihnen sind uns „sympathisch“, andere scheinen uns hässlich, oft sogar furchterregend zu sein. Den Lachs und den Hecht halten wir für edel, den Karpfen oder Hering für nützlich, beim Anblick eines Drachenkopfs, eines Steinfisches, einer Muräne oder eines Tiefseefisches erfasst uns ein Schauder. Besonders die Tiefseefische finden wir grauenerregend und uns scheint als wären manche von ihnen einem Horrorfilm entsprungen – riesige Augen, ein großes Maul voller Zähne, die Dolchen gleichen, ein Körper voller seltsamer Auswüchse. Das, was wir für monströs halten, hat jedoch in der Natur seine konkrete Bedeutung. Der Anblick von Tiefseefischen sollte uns eher mit Erstaunen erfüllen, denn diese Geschöpfe leben unter Bedingungen, die scheinbar den Gesetzen des Lebens widersprechen. In den Tiefen wirkt ein ungeheurer Wasserdruck: In einer Tiefe von 10 km wirkt auf jeden Quadratzentimeter ein Druck von 1 000 kg. Es scheint, dass unter solchen Bedingungen, wo darüberhinaus dauernde Finsternis herrscht, kein Leben möglich ist. Bis zur Hälfte des neunzehnten Jahrhunderts waren die Wissenschaftler überzeugt, dass es in Tiefen über 550 m keine Lebewesen mehr gibt. Nach 1860, als die Techniker begannen Unterseekabel zu legen, zeigte es sich, dass noch in viel größeren Tiefen Leben existiert.

Zu Beginn der fünfziger Jahre zwanzigsten Jahrhunderts gelang es, Fische aus einer Tiefe von 7 km heraufzuholen – und die Wissenschaftler waren verblüfft. Tief unter der Wasseroberfläche existiert eine Welt, die für den Menschen noch heute schwerer zugänglich ist als die Gipfel der höchsten Berge, ja sogar der Kosmos.

Tiefsee-Anglerfisch [329] (*Himantolophus spec.*) ORDNUNG: FROSCHFISCHE

Etwa 18 Anglerfischarten leben in den Tiefen des Atlantischen und Pazifischen Ozeans. Sie besitzen einen runden, seitlich etwas abgeflachten Körper. Der erste Strahl der

330

Rückenflosse ist bis auf die Stirn gerückt, wo er eine Art Stiel mit einem ausgefransten Ende bildet. Durch die Bewegung dieses Illicium genannten Gebildes lockt der Fisch Beute an. Die Haut ist schuppenlos und mit Knochenplättchen übersät, die einen Dorn tragen. Die Männchen sind klein, aber im Unterschied zu anderen Arten, z.B. den Seeteufeln (Lophidiformes) sind sie nicht mit dem Körper des Weibchens verwachsen sondern bewegen sich frei.

Drachenfisch [330] (*Bonapartia spec.*) — *ORDNUNG: HERINGSARTIGE*

Die Tiefseefische aus der Gattung *Bonapartia* sind mit den Lachsen der Familie Gonostomatidae verwandt. Sie sind klein, kaum 10 cm lang, schimmern silbrig blau und sind beinahe durchsichtig. Die Tiefseefische sind dem gewaltigen Wasserdruck dadurch angepasst, dass sie in ihrem Inneren den gleichen Druck besitzen. Als die ersten Exemplare dieser Fische an die Oberfläche gebracht wurden, verursachte der schnelle Druckabfall ein Anschwellen und Platzen ihres Körpers.

Steinfisch [331] (*Synanceia verrucosa*) — *ORDNUNG: PANZERWANGEN*

Die Steinfische gehören zu den Arten, die bei vielen Menschen Abscheu erregen. Der bis zu 30 cm lange Fisch ist mit den Drachenköpfen verwandt und ähnelt ihnen auch in seiner Lebensweise. Seine warzenförmigen Auswüchse dienen zur Tarnung, so dass er dank seiner Unbeweglichkeit wie ein mit Algen bedeckter Stein aussieht. Er lebt in allen tropischen Meeren. Die Furcht vor diesem Fisch ist sogar begründet, denn in seinen Stacheln befinden sich Giftdrüsen, die ein gefährliches Gift enthalten.

331

332

Chauloidus sloanii [332]

ORDNUNG: LACHSFISCHE

Die Vertreter der Familie Chauliodontidae sind typische Tiefseefische von beinahe gespenstischem Aussehen. Sie besitzen riesige, bewegliche Zähne und ihre Rücken- und Afterflosse laufen in einen dünnen, sehr langen, phosphoreszierenden Strahl aus. Leuchtorgane stellen in der Welt der ewigen Finsternis für die meisten Fische nicht nur ein wichtiges Mittel zur Kommunikation untereinander dar, sondern dienen auch zum Anlocken der Beute. Der *Chauloidus sloannii* lebt in Tiefen von 1000–1800 m, nachts steigt er zur Oberfläche. Er wurde sogar in der Nähe des Meeresspiegels gefangen. Am häufigsten begegnen ihm Fischer und Taucher im Atlantischen Ozean – in den warmen Küstengewässern Nordamerikas und Europas.

Neoceratis spinifer ist 6 cm lang.

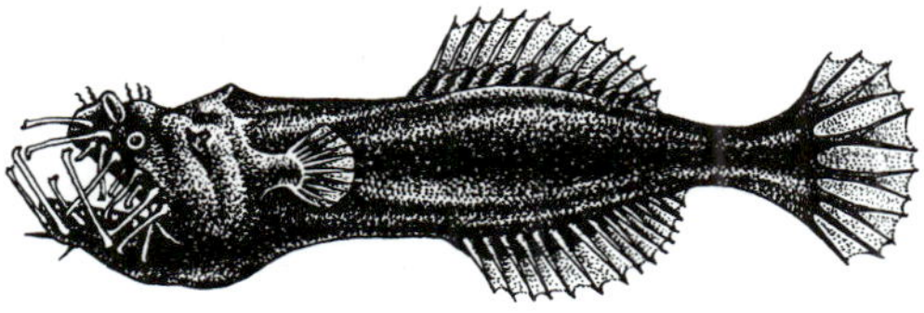

Gigantactis macronema ist etwa 13 cm lang und lebt in Tiefen ab 1 600 m.

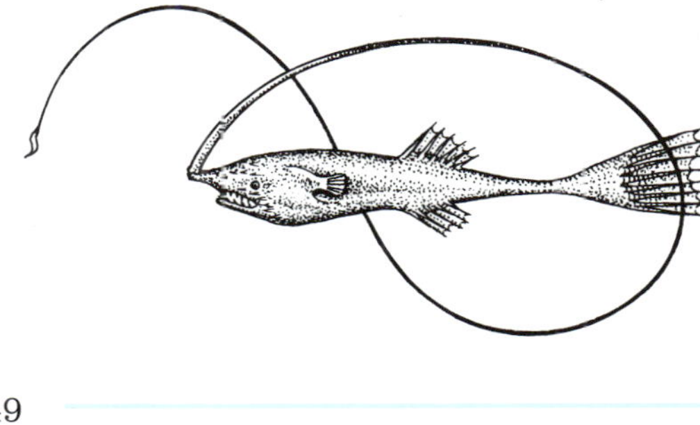

LITERATUR

BARUŠ, V., OLIVA, O.: Mihulovci - *Petromyzontes* - a ryby - *Osteichthyes* (1) und (2). Academia, Prag, 1995

BREHM, A.: Brehmův život zvířat, díl II. J. Otto, 1929

CARCASSON, R. H.: Coral Reef Fishes of the Indian and West Pacific Oceans. Collins, London, 1977

CHLUPATY, P.: Meine Erfahrungen mit Korallenfischen im Aquarium. Landbuch-Verlag, Hannover, 1980

ČIHAŘ, J.: Tajemný svět ryb. Práce, Prag, 1971

ČIHAŘ, J.: Europäische Süsswasserfische. Dausien Verlag, 1993

DAŘBUJAN, H.: Mořská akvaristika. Studio Press, Čáslav, 1997

DEBELIUS, H.: Fischführer. Indischer Ozean. Tetra-Verlag, Melle, 1993

DEBELIUS, H., KUITER, R. H.: Fischführer. Südostasien. Tetra-Verlag, Melle, 1994

FRANK, S.: Velký obrazový atlas ryb. Artia, Prag, 1972

FRANK, S.: Jak žijí ryby. Artia, Prag, 1977

FRANK, S.: Akvaristika. Práce, Prag, 1984

FRANK, S.: Mořské ryby. Aventinum, Prag, 1997

FRICKE, H. W.: Svědectví korálových útesů. Panorama, Prag, 1987

GOWANLOCH, J. N.: Fishes and Fishing in Louisiana. Ramires/Jones Printing Co., Los Angeles, 1933

GRZIMEK, B.: Grzimeks Tierleben, Fische I, II. Kindler Verlag, Zürich, 1976

HANEL, L.: Svět zvířat VIII. Ryby (1). Albatros, Prag, 1998

HANZÁK, J. und Koll.: Světem zvířat IV. Albatros, Prag, 1969

HOFFMAN, J., Novák, J.: Velký obrazový atlas akvarijních ryb. Brázda , Prag, 1998

KOČETOV, A. M.: Eksotitscheskije ryby. Lesnaja promyschlennost. Moskau, 1988

KURKA, A., PFLEGER, V.: Jedovatí živočichové. Academia, Prag, 1984

MANIGUET, X.: Žraloci. Svoboda, Prag, 1994

MASUDA, H., GERALD, A.: Meeresfische der Welt. Tetra-Verlag, Melle, 1992

MÜLLER, H.: Fische Europas. Neumann Verlag, Leipzig. Radebeul, 1983

NELSON, J. S.: Fishes of the World. John Wiley and Sons. New York, 1976

NEUGEBAUER, W.: Korallenfische im Aquarium. Kosmos Franckische Verlagshandlung, Stuttgart, 1978

NOSEK, A.: Ryby mořské a sladkovodní. (Hrsg.) I.L. Kober, Prag, 1909

PAYSAN, K.: Akvarijní ryby. Granit, Prag, 1995

REŠETNIK, G. S. und Koll.: Slowar naswanij schiwotnych. Ryby. Russkij jasyk, Moskau, 1989

RUTKOWICZ, S.: Encyklopedia ryb morskich. Wydawnictwo morskie, Gdańsk, 1982

SOKOLOV, V. E.: Schisn schiwotnych IV. Prosweschtschenije, Moskau, 1983

STERBA, G.: Süsswasserfische der Welt. Urania Verlag, Berlin, 1987

TEROFAL, F.: Mořské ryby. Ikar, Prag, 1996

TEROFAL, F.: Sladkovodní ryby. Ikar, Prag, 1997

WHEELER, A.: Fishes of the World. An Illustrated Dictionary, Mac-Millan Publ. Co. Inc., New York, 1975

REGISTER DER DEUTSCHEN NAMEN

Die kursiv gesetzten Zahlen verweisen auf Nummern der Abbildungen

REGISTER DER LATEINISCHEN NAMEN

Die kursiv gesetzten Zahlen verweisen auf Nummern der Abbildungen

FOTONACHWEIS

Drahokoupil, Zdeněk: Nr. 60, 100, 122, 132, 150, 202, 308
Dugas, Dionýz: S. 7
Eliáš, Jaroslav: Nr. 64, 67, 71, 110, 113-115, 117, 171-175, 177-178, 240, 243-244, 290-291, 293-295, 324
Fokt, Michael: Nr. 38, 229, 232, 254, 256
Frank, Stanislav: Nr. 7, 65-66, 74, 77, 136, 292
Kechner, Václav: Nr. 112, 118
Kříž, Václav: S. 2, 6, Nr. 9-12, 23, 26, 28, 30-31, 54, 108, 141, 165, 181-183, 185-186, 190, 192-194, 213-215, 217-220, 225, 227-228, 230, 234-235, 238, 258, 261, 263, 267-269, 287, 298, 303, 313, 318, 321-323, 328
Kůs, Evžen: Nr. 19, 33, 88, 211
Maťák, Jindřich: Nr. 196
Motyčka, Vladimír: S. 4-5, Nr. 13-16, 21, 24, 27, 29, 35, 42, 44, 62, 68-70, 72-73, 85-86, 116, 124, 131, 133, 137-140, 142-143, 145-148, 153, 155-156, 158-160, 163-164, 166-167, 169-170, 176, 179-180, 184, 187, 191, 195, 197, 221-224, 226, 239, 241-242, 245-247, 253, 255, 257, 259-260, 262, 266, 270-279, 281-282, 284, 286, 288, 297, 299-302, 304, 306, 309-312, 314, 317, 319, 325, 327
Roller, Zeněk: Nr. 20
Rys, Jan: Nr. 2-4, 39, 41, 45, 48-49, 51, 53, 58-59, 61, 80, 82-83, 89, 92, 94-98, 101-103, 106-107, 109, 111, 119, 121, 123, 125-126, 130, 135, 152, 203, 205-209, 249, 251, 280, 307
Skramoušský, Radek: Nr. 198
Spousta, Martin: Nr. 22
Thoma, Zdeněk: Nr. 127, 210
Veselovský, Zdeněk: Nr. 5-6, 8, 17, 32, 34, 37, 75-76, 144, 161-162, 188, 216, 231, 233, 236-237, 252, 264, 265, 283, 285, 289, 305, 315-316, 320, 326, 331
Wišo, Milan: Nr. 128, 212
Zacharda, Miloslav: Nr. 1, 46, 50, 52, 55, 57, 79, 81, 84, 87, 90-91, 93, 99, 104-105, 118, 120, 129, 134, 149, 151, 199-201, 204, 250